Lösungen zum Lehrbuch
Steuerlehre 1
Rechtslage 2026

AF736352

EBOOK INSIDE

Die Zugangsinformationen zum eBook inside finden Sie
am Ende des Buchs.

Manfred Bornhofen · Martin C. Bornhofen

Lösungen zum Lehrbuch Steuerlehre 1 Rechtslage 2026

Mit zusätzlichen Prüfungsaufgaben und Lösungen

47., überarbeitete und aktualisierte Auflage

Mitarbeiterin: Simone Meyer

Springer Gabler

Studiendirektor, Dipl.-Hdl.
Manfred Bornhofen
Koblenz, Deutschland

WP, StB, CPA, Dipl.-Kfm.
Martin C. Bornhofen
Düsseldorf, Deutschland

ISBN 978-3-658-51984-1
ISBN 978-3-658-51983-4 (eBook)
DOI 10.1007/978-3-658-51983-4

Die Deutsche Nationalbibliothek verzeichnet diese Publikation in der Deutschen Nationalbibliografie; detaillierte bibliografische Daten sind im Internet über http://dnb.d-nb.de abrufbar.

Springer Gabler

Lektorat: Catarina Gomes de Almeida
Korrektorat: Inge Kachel-Moosdorf
Layout und Satz: workformedia | Frankfurt am Main

Springer Gabler ist ein Imprint der eingetragenen Gesellschaft Springer Fachmedien Wiesbaden GmbH und ist Teil von Springer Nature
Die Anschrift der Gesellschaft ist: Abraham-Lincoln-Strasse 46, 65189 Wiesbaden, Germany

Vorwort

Neben den Lösungen zum Lehrbuch der Steuerlehre 1 enthält dieses Buch zusätzliche Aufgaben und Lösungen zur Vertiefung Ihres Wissens.

Deshalb ist dieses „Aufgaben- und Lösungsbuch" in zwei Teile untergliedert.

Der **1. Teil** enthält die

Lösungen zum Lehrbuch

und der **2. Teil** die

zusätzlichen Aufgaben und Lösungen.

Die einzelnen Sachthemen dieser zusätzlichen Aufgabensammlung finden Sie im Inhaltsverzeichnis oder in der Kopfzeile des Buches.

Die jeweiligen Lösungen folgen den Aufgaben direkt. Sie erkennen sie an der grauen Rasterung.

Wir hoffen, dass Sie mithilfe dieses zusätzlichen Übungsmaterials vielleicht noch verbliebene Unsicherheiten in der Anwendung Ihres Wissens beheben können und wünschen Ihnen viel Erfolg in Ihren Klausuren bzw. Prüfungen.

Ihr
Bornhofen-Team

Hyperlinks

Die **eBook-Ausgabe** der Lösungen zur Steuerlehre 1 bietet Ihnen **sorgfältig ausgewählte Verlinkungen** zu Gesetzestexten, BMF-Schreiben u.v.m. Im eBook erkennen Sie diese Links an der blauen Einfärbung des Textes.

Alle Verlinkungen wurden bei Redaktionsschluss (15. Mai 2026) sorgfältig überprüft und waren zu diesem Zeitpunkt aktuell und valide.

Für Veränderungen, die die Betreiber der angesteuerten Webseiten nach dem 15. Mai 2026 an ihren Inhalten vornehmen oder für mögliche Entfernungen solcher Inhalte übernehmen der Verlag und die Autoren keinerlei Gewähr.

Zudem haben der Verlag und die Autoren auf die Gestaltung und die Inhalte der externen gelinkten Seiten keinerlei Einfluss genommen und machen sich deren Inhalte nicht zu eigen.

Wir freuen uns über Ihre Hinweise und Anregungen an **customerservice@springernature.com**.

Inhaltsverzeichnis

Teil 1: Lösungen zum Lehrbuch

A. Allgemeines Steuerrecht

B. Abgabenordnung

C. Umsatzsteuer

Teil 2: Zusätzliche Aufgaben und Lösungen

A. Abgabenordnung

B. Umsatzsteuer

Teil 1: Lösungen zum Lehrbuch

A. Allgemeines Steuerrecht

1 Öffentlich-rechtliche Abgaben

AUFGABE 1

a) **85,5 %** (302,1 + 248,9 + 75,3 + 74,8 + 39,8 + 35,1 + 34,0 = 810,0 [Mrd. €]; 810,0 Mrd. € : 947,7 Mrd. € = 85,5 %)
b) Vom Steueraufkommen betrachtet, erscheint dieser „Luxus" überflüssig. Einnahmeerzielung kann aber auch **Nebenzweck** sein; Steuern haben vielfach **Lenkungscharakter** und werden damit zu einem wichtigen Instrument der Wirtschafts-, Gesundheits-, Umweltpolitik u. a.
c) **39,8 %** (248,9 + 74,8 + 34,0 + 19,3 = 377,0 [Mrd. €]; 377,0 Mrd. € : 947,7 Mrd. € = 39,8 %)

AUFGABE 2

Steuern	Bundessteuern	Landessteuern	Gemeindesteuern	Gemeinschaftssteuern
1. Grundsteuer			x	
2. Einkommensteuer				x
3. Umsatzsteuer				x
4. Zölle	x			
5. Körperschaftsteuer				x
6. Rennwett- und Lotteriesteuer		x		
7. Kraftfahrzeugsteuer	x			

AUFGABE 3

Abgaben	Steuern	Gebühren	Beiträge
1. Einfuhrabgaben	x		
2. Kurtaxen			x
3. Alkoholsteuer	x		
4. Zahlung für Kanalbenutzung		x	
5. Zahlung an die Sozialversicherung			x
6. Zahlung für die Zulassung eines Pkw		x	
7. Ausfuhrabgaben	x		
8. Zahlung für Müllabfuhr an die Gemeinde		x	
9. Zahlung für die Ausstellung einer Heiratsurkunde		x	

AUFGABE 4

Julia Schmidt hat die Umsatzsteuer zu spät bezahlt und muss deshalb mit einem **Säumniszuschlag** (§ 240 Abs. 1 Satz 1 AO) rechnen. Da sie die Lohnsteuervoranmeldung zu spät abgegeben hat, könnte ein **Verspätungszuschlag** (§ 152 Abs. 1 Satz 1 AO) festgesetzt werden.

AUFGABE 5

1. (c)
2. (d)
3. (d)
4. (c)
5. (d)
6. (c)
7. (a)
8. (c)
9. (b)
10. (c)

2 Einteilung der Steuern

AUFGABE 1

Folgende Steuern gehören zu den Kosten der Fahrt:

- Energiesteuer (früher: Mineralölsteuer),
- Kraftfahrzeugsteuer,
- Versicherungsteuer,
- Umsatzsteuer.

AUFGABE 2

Kriterium	Ertragshoheit	Überwälzbarkeit	Steuergegenstand	Abzugsfähigkeit
	Bundes- **L**andes- **G**emeinde- **Ge**mein- schaftssteuer	**d**irekte **i**ndirekte Steuer	**B**esitz- **V**erkehr- **V**er**b**rauch- steuer	**abz**ugsfähige **n**icht**abz**ugsf. Steuer
Energiesteuer	**B**	**i**	**Vb**	**abz**
ESt	**Ge**	**d**	**B** (Personenst.)	**nabz**
ErbSt	**L**	**d**	**B** (Personenst.)	**nabz**
USt	**Ge**	**i**	**V**	**nabz**
Lohnsteuer	**Ge**	**d**	**B** (Personenst.)	**nabz**
Tabaksteuer	**B**	**i**	**Vb**	**abz**
KapESt	**Ge**	**d**	**B** (Personenst.)	**nabz**
Grundsteuer	**G**	**d**	**B** (Realst.)	**abz**
GrESt	**L**	**d**	**V**	**Ank**
KraftSt	**B**	**d**	**V**	**abz**
GewSt	**G**	**d**	**B** (Realst.)	**nabz**
KSt	**Ge**	**d**	**B** (Personenst.)	**nabz**

3 Steuergesetzgebung und steuerliche Vorschriften

AUFGABE 1

Steuern	Kompetenzbereich des Bundes	Kompetenzbereich der Länder
1. ESt	x	
2. GewSt	x	
3. USt	x	
4. Hundesteuer		x
5. Zölle	x	
6. KSt	x	
7. Finanzmonopole	x	
8. Vergnügungsteuer		x

AUFGABE 2

Vorschriften	Gesetze	Rechtsverordnungen	Verwaltungsanordnungen
1. AO	x		
2. BMF-Schreiben			x
3. UStAE			x
4. EStDV		x	
5. GewStR			x
6. OFD-Verfügung			x
7. EStG	x		
8. UStDV		x	
9. FGO	x		

AUFGABE 3

Vorschriften	**G**esetz **V**er**o**rdnung **V**erwaltungsanordnung **U**rteil	Erlassen von ...	Bindend für ...
AO	**G**	Bundestag	alle
AEAO	**V**	BMF	Finanzverwaltung
UStAE	**V**	BMF	Finanzverwaltung
EStDV	**Vo**	Bundesregierung	alle
OFD-Verfügung	**V**	OFD	Finanzämter
EStG	**G**	Bundestag	alle
UStDV	**Vo**	BMF	alle
BMF-Schreiben	**V**	BMF	Finanzverwaltung
Urteil des BFH	**U**	BFH	Beteiligte

AUFGABE 4

1. (d)
2. (d)
3. (b)

4 Steuerverwaltung

AUFGABE 1

Steuern		Hauptzollamt	Finanzamt	Steueramt der Gemeinde
1.	Umsatzsteuer		x	
2.	Einkommensteuer		x	
3.	Gewerbesteuer		x (GewStMB)	x (GewStBescheid)
4.	Kraftfahrzeugsteuer	x		
5.	Grundsteuer		x (GrStMB)	x (GrStBescheid)
6.	Einfuhrumsatzsteuer	x		
7.	Vergnügungsteuer			x
8.	Energiesteuer	x		
9.	Getränkesteuer			x
10.	Biersteuer	x		

AUFGABE 2

Verwaltungsaufgaben	Sachgebiet
1. Durchführung einer USt-Außenprüfung	VI
2. Bearbeitung eines Antrags auf Arbeitnehmer-Veranlagung	V
3. Festsetzung und Erhebung der Grunderwerbsteuer	VIII
4. Genehmigung des Urlaubsantrags eines Finanzbeamten	I
5. Durchführung einer Betriebsprüfung bei einem Handwerksbetrieb	X
6. Bearbeitung der einheitlichen und gesonderten Feststellung über die Einkünfte aus Gewerbebetrieb der Bädertraum Blickle OHG	III
7. Erstellung der Einspruchsentscheidung für den Einspruch der Eheleute Inga und Ingo Bauer	IX

AUFGABE 3

1. (d)
2. (c)
3. (a)

B. Abgabenordnung

2 Zuständigkeit der Finanzbehörden

AUFGABE 1

Nein, der ESt-Bescheid ist nicht nichtig. Er ergeht von dem **sachlich** und **örtlich** zuständigen **Finanzamt** (FA). Die **sachliche** Zuständigkeit bezieht sich lediglich auf die **Behörde**, nicht auf einzelne Amtsträger innerhalb der Behörde. **Sachlich** zuständig ist das Finanzamt, **örtlich** ist für die Besteuerung natürlicher Personen nach dem **Einkommen** (**ESt**) das **Wohnsitzfinanzamt** Großstadt zuständig (§ 19 Abs. 1 AO).

AUFGABE 2

Für die Besteuerung natürlicher Personen nach dem **Einkommen (ESt)** ist das **Wohnsitzfinanzamt** Koblenz **örtlich** zuständig (§ 19 Abs. 1 AO).

AUFGABE 3

1. **Lagefinanzamt** Koblenz (§ 22 Abs. 1 AO)
2. **Betriebsfinanzamt** Neuwied (Rhein) (§ 21 Abs. 1 AO)
3. **Betriebsfinanzamt** Neuwied (Rhein) (§ 22 Abs. 1 Satz 1 i.V.m. § 18 Abs. 1 Nr. 2 AO)
4. **Gemeinde(finanzbehörde)** Neuwied (Rhein) (§ 16 Abs. 1 GewStG)

AUFGABE 4

Geschäftsleitungsfinanzamt Neuwied (Rhein) (§ 20 Abs. 1 AO)

AUFGABE 5

1. **Tätigkeitsfinanzamt** Neuwied (Rhein) (§ 21 Abs. 1 AO)
2. **Wohnsitzfinanzamt** Koblenz (§ 19 Abs. 1 AO)

AUFGABE 6

1. **Tätigkeitsfinanzamt** (§ 21 Abs. 1 AO)
2. **Geschäftsleitungsfinanzamt** (§ 20 Abs. 1 AO)
3. **Lagefinanzamt** (§ 22 Abs. 1 AO i.V.m. § 18 Abs. 1 Nr. 1)
4. **Wohnsitzfinanzamt** (§ 21 Abs. 2 AO)
5. **Betriebsfinanzamt** (§ 21 Abs. 1 AO)
6. **Lagefinanzamt** (§ 21 Abs. 1 AO)

AUFGABE 7

1. Für die **ESt** ist als **Wohnsitz-FA** das FA **Augsburg** (§ 19 Abs. 1 AO) zuständig und für die **USt und den GewSt-Messbetrag des Einzelunternehmens** das **Betriebs-FA Oberstdorf** (§§ 21 Abs. 1 und 22 Abs. 1 AO). Gesondert festgestellt werden vom **Betriebs-FA Oberstdorf** (§ 18 Abs. 1 Nr. 2 AO) die **Einkünfte aus Gewerbebetrieb des Einzelunternehmens.** Die **GewSt** setzt die **Gemeindefinanzbehörde Oberstdorf** fest (§ 16 Abs. 1 GewStG). Das **Betriebs-FA Füssen** (§§ 21 Abs. 1 und 22 Abs. 1 und 18 Abs. 1 Nr. 2 AO) ist für die **USt** und den **GewSt-Messbetrag** der KG und die einheitliche und gesonderte Feststellung des **Gewinns der KG** zuständig. Die **Gemeindefinanzbehörde Füssen** erlässt den **GewSt-Bescheid** (§ 16 Abs. 1 GewStG).
2. Für die **ESt** ist als **Wohnsitz-FA** das FA **Mainz** (§ 19 Abs. 1 AO) zuständig und für die **USt** das **Tätigkeits-FA Wiesbaden** (§ 21 Abs. 1 AO). Gesondert festgestellt werden vom **FA Wiesbaden** als **Tätigkeits-FA** (§ 18 Abs. 1 Nr. 3 AO) der **Einheitswert für das Betriebsvermögen** und die **Einkünfte aus selbständiger Arbeit**. Für die Feststellung des **Einheitswerts des Einfamilienhauses** ist nach § 18 Abs. 1 Nr. 1 AO i.V.m § 180 Abs. 1 Nr. 1 AO das **Lage-FA Mainz** zuständig.
3. Für die **ESt** des **Max Klein** ist als **Wohnsitz-FA** das FA **Köln** (§ 19 Abs. 1 AO) und für die **ESt** des **Moritz Groß** ist dessen **Wohnsitz-FA Bonn** (§ 19 Abs. 1 AO) zuständig. Für den **GewSt-Messbescheid** ist das **Betriebs-FA Köln** (§ 22 Abs. 1 AO) und für die Feststetzung der **Gewerbesteuer** die Gemeindefinanzbehörde, die **Stadt Köln**, zuständig. Für die einheitliche und gesonderte Feststellung des **Gewinns aus Gewerbebetrieb** bezüglich der KG ist das **Betriebs-FA Köln** (§ 18 Abs. 1 Nr. 2 AO) zuständig. Das **Lage-FA**, das FA **Köln**, ist für die gesonderte Feststellung des **Einheitswerts des Betriebsgrundstücks** (§ 18 Abs. 1 Nr. 1 AO) zuständig.

AUFGABE 8

- Weinhandlung Stoll OHG: einheitliche und gesonderte Gewinnfeststellung sowie USt-Bescheid und GewSt-Messbescheid (§ 18 Abs. 1 Nr. 2 AO: **Betriebs-FA** Landsberg)
- Mietwohngrundstück: einheitliche und gesonderte Feststellung der Einkünfte aus V+V (§ 18 Abs. 1 Nr. 4 AO: **Verwaltungs-FA** Rosenheim)
- Herta Stoll: Einkommensteuer (§ 19 Abs. 1 AO: **Wohnsitz-FA** Rosenheim)
  Hans Stoll: Heilpraktiker (§ 18 Abs.1 Nr. 3 AO: **Tätigkeits-FA** Kaufbeuren) und Einkommensteuer (§ 19 Abs. 1 AO: **Wohnsitz-FA** Kaufbeuren), sodass bei der ESt-Veranlagung dies in einem Vorgang vom zuständigen Sachbearbeiter erledigt wird.

AUFGABE 9

1. (a)
2. (d)
3. (b)
4. (c)

3 Steuerverwaltungsakt

AUFGABE 1

1. Es handelt sich um einen **(begünstigenden) Verwaltungsakt**, weil die Stundung eine behördliche Maßnahme (Entscheidung über die Stundung) zur Regelung eines Einzelfalles (für Frank Weber) auf dem Gebiet des öffentlichen Rechts (Steuerrecht) mit unmittelbarer Rechtswirkung nach außen (Gewährung der Stundung) ist (§ 118 Satz 1 AO).
2. Es liegt **kein Verwaltungsakt** vor, weil die Niederschlagung der Abschlusszahlung eine innerbehördliche Maßnahme ist, die nicht auf unmittelbare Rechtswirkung nach außen gerichtet ist (keine Mitteilung an den Steuerpflichtigen).
3. Es liegt **kein Verwaltungsakt** vor, weil die Anmietung von Diensträumen keine behördliche Maßnahme auf dem Gebiet des öffentlichen Rechts (Steuerrecht), sondern ein Vorgang im Bereich des Privatrechts ist (BGB-Vertragsrecht).
4. Es handelt sich um einen **(belastenden) Verwaltungsakt**, weil die Festsetzung von Säumniszuschlägen eine behördliche Maßnahme (Festsetzung einer Nebenleistung) zur Regelung eines Einzelfalles (für die Maxi GmbH) auf dem Gebiet des öffentlichen Rechts (Steuerrecht) mit unmittelbarer Rechtswirkung nach außen (Zahlungspflicht) ist (§ 118 Satz 1 AO).

AUFGABE 2

Nein, weil das Urteil des Finanzgerichts (FG) **keine Maßnahme** einer **Finanzbehörde** ist (vgl. § 1 FGO). Gerichte sind keinen Behörden (sie gehören der Judikative und nicht der Exekutive an).

AUFGABE 3

1. Der Einkommensteuer-Bescheid gilt als **wirksam bekannt gegeben**, weil er an den richtigen Adressaten gerichtet ist, der Bekanntgabewille der Behörde erkennbar und die Schriftform gewahrt ist.
2. Der Einkommensteuer-Bescheid gilt als **wirksam bekannt gegeben**, weil der Steuerbescheid im Machtbereich des Steuerpflichtigen zugegangen ist.-Eine Nichtigkeit kann aus § 125 AO nicht abgeleitet werden. Der Bescheid bleibt wirksam (§ 124 AO).
3. Der Einkommensteuer-Bescheid gilt als **wirksam bekannt gegeben**, weil die Bekanntgabevoraussetzungen erfüllt sind. Die Fehlerhaftigkeit beeinträchtigt nicht die Wirksamkeit des Bescheides (§ 124 Abs. 1 Satz 1 AO).

AUFGABE 4

Oliver Abele ist aufgrund seines Alters **beschränkt geschäftsfähig** (§§ 106 bis 108 BGB). Steuerbescheide sind grundsätzlich bei beschränkt Geschäftsfähigen dem **gesetzlichen Vertreter** bekannt zu geben (§ 122 Abs. 1 AO, § 79 Abs. 1 Nr. 1 AO, § 4 AO).
Im Falle des § 112 BGB (selbständiger Betrieb eines Erwerbsgeschäfts) ist der Minderjährige für alle Geschäfte **unbeschränkt geschäftsfähig**, die das **(genehmigte) Erwerbsgeschäft** mit sich bringt.
Der Umsatz- und der Gewerbesteuer-Bescheid sind **Oliver Abele** bekannt zu geben, weil die Bescheide ausschließlich den Geschäftsbetrieb betreffen.
Für den Einkommensteuer-Bescheid sind die **gesetzlichen Vertreter (Eltern)** Bekanntgabeadressaten, weil dieser Bescheid nicht ausschließlich den Geschäftsbetrieb betrifft (AEAO zu § 122, Nr. 2.2.3).

AUFGABE 5

Der ESt-Bescheid 2025 der Klara Weiß gilt am Freitag, dem **22.05.2026** (= 18.05.2026 + 4 Tage = 22.05.2026), als wirksam bekannt gegeben (§ 122 Abs. 2 Nr. 1 AO).

AUFGABE 6

(e) am Montag, dem **06.07.2026** (01.07.2026 + 4 Tage = 05.07.2026 (Sonntag), somit Verschiebung nach § 108 Abs. 3 AO auf den nächstfolgenden Werktag: Montag, den 06.07.2026).

AUFGABE 7

Der USt-Bescheid 2025 gilt am Dienstag, dem **07.04.2026**, als bekannt gegeben (02.04.2026 + 4 Tage = 06.04.2026 (Ostermontag), somit Verschiebung nach § 108 Abs. 3 AO auf den nächstfolgenden Werktag: Dienstag, den 07.04.2026).

AUFGABE 8

Nach der Bekanntgabefiktion wäre die Bekanntgabe bereits am Freitag, dem 16.10.2026, erfolgt. Der tatsächliche Zugang war jedoch später, sodass dieser entscheidend ist. Die Bekanntgabe erfolgte somit am Dienstag, dem **20.10.2026** (§ 122 Abs. 2 AO), dem Tag des tatsächlichen Zugangs. Die Finanzbehörde müsste beweisen, dass der Bescheid tatsächlich pünktlich zugegangen ist (was hier nicht der Fall ist). Dennoch empfiehlt es sich, sich den späteren Erhalt des Briefs mit dem Bescheid vom Briefträger bestätigen zu lassen.

AUFGABE 9

Nach der Bekanntgabefiktion ist die wirksame Bekanntgabe bereits am Freitag, dem **23.10.2026**, erfolgt (§ 122a Abs. 4 Satz 1 AO). Da Frau Gusterer die E-Mail am 19.10.2026 erhalten hat, berechnet sich die Bekanntgabe ab diesem Datum mit der **4-Tages-Fiktion**. Das Datum des tatsächlichen Abrufs des Einkommensteuerbescheids ist unerheblich.

AUFGABE 10

Nach der Bekanntgabefiktion wäre die Bekanntgabe bereits am Freitag, dem 23.10.2026, erfolgt (§ 122a Abs. 4 Satz 1 AO). Da die E-Mail Frau Gusterer aber nicht erreicht, ist das Datum des **tatsächlichen Abrufs** des Einkommensteuerbescheids entscheidend. Die wirksame Bekanntgabe erfolgt somit erst am Montag, dem **26.10.2026** (§ 122a Abs. 4 Satz 3 AO).

4 Fristen

AUFGABE 1

Die Einspruchsfrist beträgt gem. § 355 Abs. 1 AO **einen Monat** und ist eine **Ereignisfrist** (§ 187 Abs. 1 BGB), d.h., dass der Tag des Ereignisses (Bekanntgabe des Steuerbescheids) nicht mitgezählt wird (§ 188 Abs. 1 BGB). Fallen der Tag der Aufgabe zur Post und der Poststempel auseinander, so ist das Datum des Poststempels entscheidend.

Fall	Beginn	Dauer	Ende
1.	zur Post 20.03.2026 + 4 Tage 24.03.2026/24:00 Uhr	1 Monat	**24.04.2026 (Fr)**/24:00 Uhr
2.	Poststempel 29.07.2026 + 4 Tage 02.08.2026 (So) Bekanntgabe 03.08.2026/24:00 Uhr (§ 108 Abs. 3 AO, nä. Werktag)	"	**03.09.2026 (Do)**/24:00 Uhr
3.	Poststempel 31.03.2026 + 4 Tage 04.04.2026 (Sa) 05.04.2026 (Osterso.) 06.04.2026 (Ostermo.) Bekanntgabe 07.04.2026/24:00 Uhr (§ 108 Abs. 3 AO, nä. Werktag)	"	**07.05.2026 (Do)**/24:00 Uhr
4.	Poststempel 20.04.2026 + 4 Tage 24.04.2026/24:00 Uhr	"	24.05.2026 (Pfingstsonntag) 25.05.2026 (Pfingstmontag) **26.05.2026 (Di)**/24:00 Uhr (§ 108 Abs. 3 AO, nä. Werktag)

AUFGABE 2

Die einmonatige Rechtsbehelfsfrist ist bereits mit Ablauf des 04.05.2026 abgelaufen, deshalb kann Lenz (zunächst) **keinen Einspruch** mehr einlegen. Eine Fristverlängerung nach § 109 AO kommt nicht in Betracht, weil die Einspruchsfrist als gesetzliche Frist nicht verlängert werden kann.

Lenz kann in diesem Fall jedoch einen Antrag auf **Wiedereinsetzung in den vorigen Stand** stellen (§ 110 AO).

Er muss dabei **glaubhaft** machen, dass er **ohne Verschulden** (wegen des Unfalls und der anschließenden Behandlung) verhindert war, die Einspruchsfrist einzuhalten (z.B. durch Vorlage von Krankenhausunterlagen).

Der Antrag ist innerhalb **eines Monats** nach Wegfall des Hindernisses zu stellen, d.h. bis **19.06.2026**. Innerhalb dieser Frist ist auch der Einspruch vorzunehmen.

AUFGABE 3

1. Säumniszuschläge können erst anfallen, wenn die Steuer festgesetzt (bzw. angemeldet § 168 AO) und fällig ist. Da wegen der erteilten Einzugsermächtigung die Zahlung als bei Fälligkeit entrichtet gilt (§ 224 Abs. 2 Nr. 3 AO), fallen keine Säumniszuschläge an.
2. Der Verspätungszuschlag ist **kein Muss**, da es sich um eine USt-Voranmeldung und keine Jahreserklärung handelt. § 152 Abs. 2 AO greift also nicht. Es **kann** jedoch ein Verspätungszuschlag festgesetzt werden (§ 152 Abs. 1 AO). Nach § 152 Abs. 8 AO hat das Finanzamt die Dauer der Verspätung und die Höhe der Steuer bei der Festsetzung des Verspätungszuschlags zu berücksichtigen. Er beträgt maximal 25.000 Euro (§ 152 Abs. 10 AO).

AUFGABE 4

Die Anzahl der Verspätungsmonate richtet sich nach § 152 Abs. 1 Satz 1 und Abs. 2 AO.

1. 01.08..2025 (Abgabefrist 31.07.2025 nach § 149 Abs. 2 Satz 1 AO) bis 20.11.2026 sind 15 angefangene Verspätungsmonate.
2. 01.05.2026 (Abgabefrist **Pandemieregelung** 30.04.2026) bis 20.11.2026 sind sieben angefangene Verspätungsmonate.
3. 01.02.2026 (Abgabefrist bis 31.01.2026) bis 20.11.2026 sind zehn angefangene Verspätungsmonate.

AUFGABE 5

Die Dauer der Verspätung beträgt **15 angefangene** Monate (01.08.2025 - 05.11.2026). Die Höhe des **Verspätungszuschlags** ergibt sich aus § 152 Abs. 5 Satz 2 und Abs. 10 AO.

1. 0,25 % x 17.640,00 € = 44,10 € (ist bereits über 25 €);
   Der Verspätungszuschlag beträgt 661 € (= 15 x 44,10 € = 661,50 € abgerundet auf volle €).
2. 0,25 % x 4.560,00 € = 11,40 € (muss mindestens 25 € betragen);
   Der Verspätungszuschlag beträgt 375 € (= 15 x 25 €).
3. 0,25 % x 725.620,00 € = 1.814,05 € (ist bereits über 25 €);
   Der Verspätungszuschlag beträgt 25.000 € (15 x 1.814,05 € = 27.210,75 €, aber maximal 25.000 €).

AUFGABE 6

Der **Säumniszuschlag** beträgt **560 €** (= 5 x 1 % x 11.200 €).
(11.07.2026 bis 13.11.2026 = **fünf angefangene** Monate)

AUFGABE 7

1. Die **Nachzahlungszinsen** betragen **34 €**.

   Berechnung:

Steuerfestsetzung = vorher festgesetztes Soll	36.399 €
festgesetzte Vorauszahlungen	- 30.654 €
= **Unterschiedsbetrag (Mehrsoll)**	5.745 €
Abrundung auf volle 50 Euro	**5.700 €**

   Der Zinslauf **beginnt** am **01.06.2026** und **endet** am **12.10.2026** (Bekanntgabetag).
   vier volle Monate, deshalb 4 x 0,15 % x 5.700 € = 34,20 €; **abgerundet 34 €**

2. Die **Erstattungszinsen** betragen **42 €**.

   Berechnung:

Steuerfestsetzung = vorher festgesetztes Soll	36.399 €
festgesetzte Vorauszahlungen	- 43.399 €
= **Unterschiedsbetrag (Mindersoll)**	- 7.000 €

   Der Zinslauf **beginnt** am **01.06.2026** und **endet** am **12.10.2026** (Bekanntgabetag).
   vier volle Monate, deshalb 4 x 0,15 % x 7.000 € = **42 €**

3. Die **Nachzahlungszinsen** betragen **401 €**.

   Berechnung:

Steuerfestsetzung = vorher festgesetztes Soll	46.320 €
festgesetzte Vorauszahlungen	- 28.460 €
= **Unterschiedsbetrag (Mehrsoll)**	17.860 €
Abrundung auf volle 50 Euro	**17.850 €**

   Der Zinslauf **beginnt** am **01.07.2025** und **endet** am **09.10.2026** (Bekanntgabetag).
   15 volle Monate, deshalb 15 x 0,15 % x 17.850 € = 401,63 €; **abgerundet 401 €**

4. Die **Nachzahlungszinsen** betragen **150 €**.
   Berechnung:

Steuerfestsetzung - Abzugsbeträge (LSt) = vorher festgesetztes Soll	45.040 €
festgesetzte Vorauszahlungen	- 25.000 €
= **Unterschiedsbetrag (Mehrsoll)**	20.040 €
Abrundung auf volle 50 Euro	**20.000 €**

   Der Zinslauf **beginnt** am **01.06.2026** und **endet** am **06.11.2026** (Bekanntgabetag).
   fünf volle Monate, deshalb 5 x 0,15 % x 20.000 € = **150 €**.

5 Ermittlungsverfahren

AUFGABE 1

Der Sachbearbeiter des Finanzamtes ist **verpflichtet** zu klären, warum der Steuerpflichtige Weyer keine Gebäude-AfA bei der Ermittlung der Einkünfte aus Vermietung und Verpachtung angesetzt hat. Diese Verpflichtung ergibt sich aus dem Besteuerungsgrundsatz des § 85 AO und dem allgemeinen Untersuchungsgrundsatz des § 88 AO. Nach diesen Grundsätzen haben die Finanzbehörden sicherzustellen, dass **keine Steuern zu Unrecht erhoben** und auch die für den Steuerpflichtigen **günstigen** Umstände berücksichtigt werden.

AUFGABE 2

Der Steuerpflichtige Bach ist **verpflichtet**, bei der Ermittlung des Sachverhalts mitzuwirken (§ 90 Abs. 1 AO). Wenn Bach die Belege nicht nachreicht, braucht das Finanzamt die geltend gemachten 560 € nicht als Werbungskosten zu berücksichtigen.

AUFGABE 3

1. § 149 Abs. 1 AO i.V.m. § 25 Abs. 3 EStG
2. **Zwangsgeld** in Höhe von maximal 25.000 Euro (§ 329 AO)

AUFGABE 4

Die steuerrechtliche Buchführungspflicht des Werner Klein ist nach den §§ 140 und 141 AO zu beurteilen.

a) **§ 140 AO**: Wenn Klein Kaufmann im Sinne des HGB ist, dann ist er zunächst handelsrechtlich (§§ 1, 238 HGB) und daraus folgend auch steuerrechtlich zur Buchführung verpflichtet.

b) **§ 141 AO**: Ist Klein kein Kaufmann, ist er dennoch steuerrechtlich buchführungspflichtig, wenn eine der folgenden Wertgrenzen überschritten wird:
   - **Umsatz** im Kalenderjahr mehr als 800.000 Euro,
   - **Gewinn aus Gewerbebetrieb** im Wj mehr als 80.000 Euro.

   Es ist dann noch zu prüfen, ob Klein als Einzelkaufmann ggf. von der Buchführungspflicht nach § 241a HGB befreit ist.

AUFGABE 5

Franz Wepper ist nach **Handelsrecht nicht buchführungspflichtig**, weil er kein Kaufmann ist. Er ist jedoch nach **Steuerrecht** (§ 141 AO) **buchführungspflichtig**, weil sein Gewinn im Jahr 2026 die Betragsgrenze von 80.000 Euro überschreitet. Die Mitteilung über die Buchführungspflicht wird er im Jahr 2027 erhalten, sodass sie für ihn ab 01.01.2028 gilt.

AUFGABE 6

Bodo Müller ist **weder nach Handelsrecht noch nach Steuerrecht buchführungspflichtig**, weil er

a) mangels eines Gewerbebetriebs **kein Kaufmann** ist (somit liegt keine Buchführungspflicht nach Handelsrecht vor und deshalb findet § 140 AO keine Anwendung) und
a) § 141 AO für **selbständig** Tätige mit Einkünften i. S. d. § 18 EStG **nicht** gilt.

AUFGABE 7

Günter Blau hat mindestens Folgendes aufzuzeichnen:

1. seine **Umsätze** (§ 22 UStG),
2. seinen **Wareneingang** (§ 143 AO),
3. seine **täglichen Kasseneinnahmen und -ausgaben** (§ 146 Abs. 1 Satz 2 AO).

Im Bedarfsfall kommen folgende Aufzeichnungen hinzu:

4. die Aufzeichnung bestimmter **Betriebsausgaben** (§ 4 Abs. 5 und 7 EStG) und
5. die Aufzeichnung seiner **geringwertigen Anlagegüter** (§ 6 Abs. 2 u. 2a EStG),
6. ggf. Aufzeichnungen über **Löhne und Gehälter** (§ 41 EStG).

AUFGABE 8

Außersteuerliche Aufzeichnungspflichten, die zu beachten sind:

• **Fahrschule**:	Fahrschüler-Ausbildungsbücher
• **Winzer**:	Kellerbücher und Weinlagerbücher
• **Gebrauchtwagenhändler**:	Gebrauchtwagenbücher
• **Hotelier**:	Fremdenbücher

AUFGABE 9

Bemerkungen zur Ordnungsmäßigkeit der Buchführung des Carl May:

zu 1. Kassen**einnahmen** sind **täglich** festzuhalten. Soweit es sich um Einnahmen aus Verkäufen handelt, die demselben USt-Satz unterliegen, können sie in einer Summe gebucht werden (§ 146 Abs. 1 AO). Kassen**ausgaben** sind ebenfalls **täglich** festzuhalten (§ 146 Abs. 1 AO). Sie sind ferner einzeln mit Nennung des Zahlungsempfängers zu buchen (§ 160 Abs. 1 AO).

zu 2. Die Buchungen sind **vollständig** vorzunehmen (§ 146 Abs. 1 AO).

zu 3. Die Buchungen sind in einer **lebenden Sprache** vorzunehmen (§ 146 Abs. 3 AO). Die lateinische Sprache ist keine lebende Sprache.

zu 4. Eine Buchung darf nicht so verändert werden, dass ihr **ursprünglicher Inhalt nicht mehr feststellbar** ist (§ 239 Abs. 3 HGB, § 146 Abs. 4 AO).

zu 5. Siehe Nr. 4.

zu 6. **Bleistiftbuchungen** können nachträglich beliebig verändert werden, ohne dass dies feststellbar ist. Man muss sie deshalb als **nicht ordnungsgemäß** bezeichnen (vgl. § 146 Abs. 4 Satz 2 AO).

AUFGABE 10

Nein. Herbert Reich ist im Handelsregister eingetragen und damit **Kaufmann** (§ 2 HGB). Er muss seinen Gewinn durch Betriebsvermögensvergleich (Bilanz **und** Gewinn- und Verlustrechnung) ermitteln (HR: § 238 HGB; StR: § 140 AO). Eine **Überschussrechnung** genügt **nicht**. Sie ist **keine Buchführung** i. S. d. HGB und der AO. Das **Finanzamt** wird den Gewinn **schätzen**, wenn er als Kaufmann keine Bücher führt (§ 162 Abs. 2 Satz 2 AO).

6 Festsetzungs- und Feststellungsverfahren

AUFGABE 1

1. Die Festsetzungsfrist endet mit Ablauf des **31.12.2030** (= 31.12.2026 + vier Jahre = 31.12.2030 (Di)).
2. Die Festsetzungsfrist endet mit Ablauf des **31.12.2030** (= 31.12.2026 + vier Jahre = 31.12.2030 (Di)).
3. Die Festsetzungsfrist endet mit Ablauf des **30.06.2027** (= 31.03.2027 + drei Monate = 30.06.2027 (Mi)).
4. Die Festsetzungsfrist endet mit Ablauf des **08.03.2027** (Mo) [Bekanntgabe am 08.02.2027 (= 02.02.2027 + 4 Tage nach § 122 AO = 06.02.2027 (Sa), nä. Werktag: 08.02.2027); Unanfechtbarkeit mit Ablauf des 08.03.2027 (Mo) (= 08.02.2027 + einen Monat nach § 355 AO].

AUFGABE 2

1. Die Festsetzungsfrist für die leichtfertig verkürzte Einkommensteuer 2025 endet mit Ablauf des **31.12.2031** (Mi) (= 31.12.2026 + fünf Jahre).
2. Die Festsetzungsfrist für hinterzogene Einkommensteuer 2025 endet mit Ablauf des **31.12.2036** (Mi) (= 31.12.2026 + zehn Jahre).

7 Berichtigungsverfahren

AUFGABE 1

Es handelt sich um eine **offenbare Unrichtigkeit nach § 129 AO**, da der „vergessene" WK-Pauschbetrag (Arbeitnehmer-Pauschbetrag) ein erkennbarer „ähnlicher" Fehler des Finanzamtes ist. Eine Berichtigung ist **dem Grunde nach** möglich.
Nach § 169 Abs. 1 Satz 2 AO ist eine Berichtigung nach § 129 AO nur innerhalb der Festsetzungsfrist (läuft regulär bis 31.12.2026) zulässig. Die offenbare Unrichtigkeit führt jedoch zu einer Ablaufhemmung bis zum Donnerstag, dem 01.04.2027 (= 01.04.2026 + 1 Jahr gemäß § 171 Abs. 2 AO). Eine Berichtigung ist auch in **zeitlicher Hinsicht** bis zum 01.04.2027 möglich.
Das Finanzamt hat den WK-Pauschbetrag zu gewähren (punktuelle Berichtigung), da ein berechtigtes Interesse des Steuerpflichtigen vorliegt (§ 129 Satz 2 AO).

AUFGABE 2

Das Finanzamt kann, soweit es dem Antrag des Steuerpflichtigen entspricht, eine Änderung nach § 172 Abs. 1 Satz 1 Nr. 2a) AO vornehmen, da folgende Voraussetzungen erfüllt sind:

- es handelt sich um **keine** vorläufige Steuerfestsetzung oder Vorbehaltsfestsetzung,
- es sind „andere Steuern" betroffen,
- ein Antrag (hier: form- und fristgerechter Einspruch) liegt vor und
- wurde vor Ablauf der Einspruchsfrist gestellt (= fristgemäß, siehe oben),
- dem das Finanzamt der Sache nach entsprechen will (Fehlerbeseitigung).

AUFGABE 3

Die Steuerpflichtige sollte **keinen** förmlichen Rechtsbehelf (**Einspruch**) einlegen, weil der die Gefahr der **Verböserung** bezüglich des Sonderausgabenabzugs birgt (§ 367 Abs. 2 AO). Empfehlenswert wäre ein **„Antrag auf schlichte Änderung"** nach § 172 Abs. 1 Nr. 2a) AO. Der Antrag kann formfrei erfolgen und vermeidet die Gefahr einer Verböserung, da das Finanzamt den Steuerbescheid nur in dem Umfang ändern darf, den die Steuerpflichtige vor

Ablauf der Einspruchsfrist genau bestimmbar beantragt hatte (AEAO zu § 172 Nr. 2).
Frau Kanisch sollte **innerhalb der Einspruchsfrist** einen **genau bestimmten** Änderungswunsch (Berücksichtigung des Altersentlastungsbetrags) z. B. **telefonisch** vortragen (vgl. AEAO zu § 172 Nr. 2).

AUFGABE 4

Der Bescheid kann nach § 129 AO wegen Vorliegen einer **offenbaren Unrichtigkeit** berichtigt werden. Der Fehler des Steuerpflichtigen ist hier so offensichtlich, dass er vom Finanzamt klar erkannt werden konnte. Übernimmt das Finanzamt einen solchen Fehler, so wird er (auch) zu einem Fehler der Behörde (Übernahmefehler). Außerdem ist die Festsetzungsfrist noch nicht abgelaufen.
Gegebenenfalls käme alternativ eine Änderung nach § 173a AO in Betracht.

AUFGABE 5

Der Steuerbescheid könnte wegen **nachträglich bekannt gewordener Tatsachen**, die zu einer **höheren Steuer** führen, geändert werden (§ 173 Abs. 1 Nr. 1 AO). Die Änderung ist nur noch innerhalb der Festsetzungsfrist zulässig. Hierbei ist jedoch noch ggf. die Ablaufhemmung gem. § 171 Abs. 4 AO zu berücksichtigen.
Praxishinweis: In der Regel werden Bescheide, die Gegenstand einer Außenprüfung sein werden, unter dem Vorbehalt der Nachprüfung (§ 164 AO) erlassen. Dann ist eine Änderung problemlos möglich.

AUFGABE 6

Das Durchsuchungsergebnis der Steuerfahndung stellt eine **neue Tatsache** dar, die **nachträglich** bekannt wurde. Der Bescheid kann daher grundsätzlich nach § 173 Abs. 1 Nr. 1 AO geändert werden.
Eine Änderung ist gem. § 169 Abs. 1 AO aber nur **innerhalb der Festsetzungsfrist** zulässig. Da Barthels Steuern hinterzogen hat (§ 370 Abs. 1 Nr. 1 AO), beträgt die Festsetzungsfrist 10 Jahre (§ 169 Abs. 2 Satz 2 AO).

Beginn der Festsetzungsfrist:	31.12.2018/24.00 Uhr (§ 170 Abs. 2 Nr. 1 AO)
Dauer:	10 Jahre (§ 169 Abs. 2 Satz 2 AO)
Ende:	grds. 31.12.2028 (So), deshalb der nächstfolgende Werktag 02.01.2029 (Di)/24:00 Uhr

Der Steuerbescheid kann noch bis zum Ablauf des 02.01.2029 in Bezug auf die strafbare Tat geändert werden.

AUFGABE 7

Der Mandant muss seine **Einkommensteuererklärung 2025** nach § 153 AO unverzüglich **berichtigen**. Daraufhin wird das Finanzamt eine Änderung gem. § 172 Abs. 1 Satz 1 Nr. 2a) AO vornehmen. Da es sich um eine **Änderung zum Nachteil des Steuerpflichtigen** handelt, ist sie auch **nach Ablauf der Rechtsbehelfsfrist am 29.07.2026** (25.06.2026 + 4 Tage = 29.06.2026 (Mo); 29.06.2026 + 1 Monat = 29.07.2026) mit Zustimmung/auf Antrag (= Abgabe der berichtigten Erklärung) des Steuerpflichtigen noch möglich.

Das Finanzamt muss den Bescheid auch **ohne Zustimmung des Steuerpflichtigen** nach § 173 Abs. 1 Nr. 1 AO ändern, weil ihm nach der Steuerfestsetzung **(nachträglich) neue Tatsachen** (Provisionseinnahmen) bekannt werden, die zu einer **höheren Steuer** führen. Dabei darf jedoch die Festsetzungsfrist nicht abgelaufen sein (§ 169 AO); somit ist diese Änderungsmöglichkeit hier auch gegeben.

AUFGABE 8

Die Steuer kann gem. § 165 AO vorläufig festgesetzt werden, wenn die Voraussetzungen für die Erhebung einer Steuer ungewiss sind (z. B. anhängige Verfahren vor dem Bundesverfassungsgericht). Eine Änderung ist dann aber **nur hinsichtlich der für vorläufig erklärten Vorsorgeaufwendungen** möglich (§ 165 Abs. 2 AO). Diese liegen hier aber nicht vor.
Eine Berichtigung

- nach § 129 AO (offenbare Unrichtigkeit) entfällt, da es sich nicht um „auf der Hand" liegende ähnliche Fehler handelt (hier: Rechtsfehler).
- nach § 164 AO entfällt, da der Bescheid nicht unter dem Vorbehalt der Nachprüfung steht.
- nach § 172 AO entfällt, da die Einspruchsfrist mit Ablauf des 07.05.2026 (§§ 347 ff. AO und § 108 Abs. 3 AO) abgelaufen ist: ein Änderungsantrag nach § 172 Abs. 1 Nr. 2a)AO zugunsten der Steuerpflichtigen ist somit nicht mehr möglich.
- nach § 173 AO entfällt, weil es sich nicht um neue Tatsachen handelt.
- nach § 173a AO entfällt, da nicht die Steuerpflichtige den Fehler in der Erklärung gemacht hatte.

Eine **Änderung** des Bescheids ist somit **nicht mehr möglich**, sodass Frau Kraft ihre **Aufwendungen** als außergewöhnlichen Belastungen **nicht** mehr **geltend** machen kann.

8 Erhebungsverfahren

AUFGABE 1

Fall	Entstehung	Festsetzung durch	Fälligkeit	Rechtsgrundlagen
1.	mit Gutschrift des Arbeitslohns auf dem Konto am Monatsletzten	LSt-Anmeldung	**10. Tag** nach LSt-Anmeldezeitraum	§ 38 Abs. 2 Satz 2 EStG § 41a Abs. 1 EStG
2.	31.05.2026 m. A. d. VAZ der Leistungsausführung	USt-Voranmeldung	**10.06.2026**	§ 13 Abs. 1 Nr. 1a) UStG § 18 Abs. 1 UStG
3.	31.12.2024 m. A. d. VZ 2024	ESt-Bescheid 2024	26.08.2026 + 4 Tage = 30.08.2026 (So) + nächster Werktag + 1 Monat = **30.09.2026**	§ 36 Abs. 1 EStG § 122 Abs. 2 Nr. 1 AO § 108 Abs. 3 AO § 36 Abs. 4 EStG

AUFGABE 2

Wegen der verspäteten Zahlung sind zunächst die **Säumniszuschläge** gem. § 240 Abs. 1 AO zu ermitteln:

- für jeden **angefangenen** Säumnismonat
- der **auf 50 Euro abgerundeten** rückständigen Steuerschuld
- **1 %**.

Die Zahlungsschonfrist ändert die Fälligkeit nicht, d.h., die Säumniszuschläge werden ab dem ersten Fälligkeitstag berechnet.

a)	sechs angefangene Monate (03.07.2026 - 14.12.2026) = 6 % von 5.500 € =	330,00 €
b)	zwei angefangene Monate (11.11.2026 - 14.12.2026) = 2 % von 5.600 € =	112,00 €
c)	zwei angefangene Monate (11.11.2026 - 14.12.2026) = 2 % von 3.750 € =	75,00 €
		517,00 €

Für die **ESt-Abschlusszahlung** sind außerdem noch **Nachzahlungszinsen** (§ 233a AO) zu berechnen: für jeden **vollen** Monat (hier: vom 01.04.2026 bis zum 02.06.2026 (= Bekanntgabe erfolgte 1 Monat **vor** Fälligkeit der ESt-Abschlusszahlung) sind **zwei volle** Monate) für die **auf 50 Euro abgerundete** Steuerschuld (hier: 5.500 Euro) jeweils **0,15 %** (§ 238 AO), ergibt insgesamt **Nachzahlungszinsen** i. H. v. 0,3 % x 5.500 € = 16,50 €; aber Abrundung auf volle Euro zugunsten des Steuerpflichtigen (§ 239 Abs. 2 AO) auf **16 €**.

AUFGABE 3

1. Die steuerliche Nebenleistung wird als **Stundungszinsen** (§ 234 AO) bezeichnet.
2. Die Stundungszinsen betragen **37 €**.
   Berechnung:
   Die Bekanntgabe des Bescheides erfolgt am 14.08.2026 (Fr) (= 10.08.2026 + 4 Tage). Die **Abschlusszahlung** ist somit am **14.09.2026** (Mo) **fällig** (= 14.08.2026 + 1 Monat nach § 36 Abs. 4 EStG). Der **Zinslauf beginnt** demnach am **15.09.2026** und **endet** am **31.12.2026**.
   Stundungszinsen: 1,5 % (drei volle Monate x 0,5 %) von 2.500 € = 37,50 €; aber Abrundung auf volle Euro zugunsten des Steuerpflichtigen (§ 239 Abs. 2 AO) auf **37 €**.

AUFGABE 4

1. Eine Stundung (§ 222 AO) ist **nicht gerechtfertigt**. Zum Zeitpunkt der Geldanlage erwartete Frau Meran bereits die Abschlusszahlung. Zahlungsprobleme sind damit selbst verschuldet. Es kann ihr daher zugemutet werden, sich die erforderlichen Mittel durch eine Kreditaufnahme zu beschaffen.
2. Eine Stundung (§ 222 AO) ist **gerechtfertigt**. Es liegt ein **sachlicher Grund** für eine erhebliche Härte vor.
3. **gerechtfertigt** (wie 2.)
4. **gerechtfertigt** (wie 2.), ggf. können die Vorauszahlungen auch entsprechend herabgesetzt/angepasst werden.
5. Eine Stundung (§ 222 AO) ist **nicht gerechtfertigt**, weil die Zahlungsschwierigkeiten selbst verursacht wurden. Es ist Herrn Hauck zuzumuten, sich das Geld durch Kreditaufnahme zu beschaffen.

AUFGABE 5

Beide Zahlungen sind zunächst **wirksam geleistet**, weil sie an die Finanzkasse durch **Zahlung** erfüllt wurden.

Zu prüfen ist nun, ob die Zahlungen auch **rechtzeitig** erfolgt sind.

1. Weil der Betrag innerhalb der 3-Tage-Schonfrist gemäß § 240 Abs. 3 AO (**Ende der Zahungsschonfrist**: 10.09.2026 + 3 Tage = 13.09.2026 (Sonntag), darauffolgender Werktag nach § 108 Abs. 3 AO = **14.09.2026**) der Finanzkasse am **14.09.2026** (also am gleichen Tag) **gutgeschrieben** wurde, ist die Zahlung per **Überweisung rechtzeitig** erfolgt.

2. Bei Hingabe des **Schecks** gilt die Zahlung gemäß § 224 Abs. 2 AO erst **3 Tage später**, also am 14.09.2026,(= 11.09.2026 + 3 Tage) als geleistet. Da die Fälligkeit bereits am 10.09.2026 war und bei Scheckzahlung die Schonfrist nach § 240 Abs. 3 AO nicht anwendbar ist, ist die Zahlung **nicht rechtzeitig** erfolgt. Der Steuerpflichtige muss **15 €** (= 1 % von 1.500 €) **Säumniszuschlag** gem. § 240 Abs. 1 AO zahlen.

AUFGABE 6

1. Der Anspruch **entsteht** am 01.04.2026 (§ 37 Abs. 1 Satz 2 EStG) zu Beginn des Kalendervierteljahres, in dem die Vorauszahlung zu entrichten ist. Die Zahlung ist am 10.06.2026 **fällig** (§ 37 Abs. 1 EStG).
   Beginn der Verjährungsfrist: 31.12.2026/24:00 Uhr (§ 229 Abs. 1 Satz 1 AO)
   Dauer: 5 Jahre (§ 228 AO)
   Ende: **31.12.2031/24:00 Uhr**
2. Die Oktober-VZ 2026 ist am 10.11.2026 (§ 18 Abs. 1 UStG) **fällig**.
   Die Verjährungsfrist beginnt nicht vor Ablauf des Kalenderjahres, in dem die **Anmeldung wirksam** wird (§ 229 Abs. 1 Satz 2 AO, hier: Abgabe der Anmeldung im Januar 2027).
   Beginn der Verjährungsfrist: 31.12.2027/24:00 Uhr
   Dauer: 5 Jahre
   Ende: **31.12.2032/24:00 Uhr**
3. Der VZ-Anspruch **entsteht** am 01.01.2026 und ist am 10.03.2026 **fällig**. Die Stundung führt zur **Unterbrechung** mit Dauerwirkung bis zum 10.03.2026 (§ 231 Abs. 1 AO). Mit Ablauf des **31.12.2027** beginnt die Zahlungsverjährung **neu** zu laufen (§ 231 Abs. 3 AO). Somit ist das Ende der Verjährungsfrist **voraussichtlich am 31.12.2032/24:00 Uhr** (= 31.12.2027/24:00 Uhr + 5 Jahre)

9 Rechtsbehelfsverfahren

AUFGABE 1

1. Ein Einspruch muss **zulässig** und **begründet** sein.
   Er ist **zulässig**, weil die Voraussetzungen für die Zulässigkeit erfüllt sind:
   - **Statthaftigkeit**: ESt-Bescheid ist Verwaltungsakt in Abgabenangelegenheiten (§ 347 Abs. 1 i. V. m. § 1 Abs. 1 AO);
   - **Beschwer**: Die Steuerpflichtigen sind durch die Nichtanerkennung der Werbungskosten beschwert (Steuerfestsetzung ist zu hoch) (§ 350 AO);
   - **Frist**: Poststempel 05.10.2026
+ 4 Tage 09.10.2026 (Bekanntgabe)
+ 1 Monat 09.11.2026/24:00 Uhr (Ende der Einspruchsfrist);
   - **Form**: Schriftform (§ 357 Abs. 1 Satz 1 AO).

   Er ist **begründet**, wenn
   - die beantragten WK zu Unrecht nicht gewährt wurden und
   - die Belege als Beweismittel vorliegen.
2. Briefentwurf

Willi und Helga Schmidt
Hauptstr. 10
56291 Maisborn

Finanzamt Koblenz
Ferdinand-Sauerbruch-Straße 19
56073 Koblenz

Maisborn, 16.10.2026

Steuernummer 22/074/27382
Einspruch gegen den ESt/SolZ/KiSt-Bescheid 2025 vom 05.10.2025

Sehr geehrte Damen und Herren,
gegen den o. a. Steuerbescheid legen wir form- und fristgemäß Einspruch ein.

Begründung:
Bei der Ermittlung der Einkünfte aus nichtselbständiger Arbeit haben Sie die von uns beantragten und belegten Ausgaben für Fachliteratur in Höhe von 600 Euro nicht als Werbungskosten anerkannt.
Wir beantragen hiermit, diese 600 Euro einkunftsmindernd zu berücksichtigen. Die von Ihnen bereits abgehakten Belege legen wir erneut bei.
Gleichzeitig beantragen wir Aussetzung der Vollziehung.

Mit freundlichen Grüßen
Willi Schmidt und *Helga Schmidt*

AUFGABE 2

1. Die Eheleute müssen **Klage** vor dem Finanzgericht (§§ 40 ff. FGO) einreichen.
2. **Diese muss bis zum 15.01.2027** (15.12.2026 + 1 Monat nach § 47 Abs. 1 Satz 1 FGO) beim **zuständigen Finanzgericht** (§ 38 Abs. 1 FGO) (hier: FG von Rheinland-Pfalz, **Neustadt a.d. Weinstraße**) schriftlich (§ 64 FGO) eingelegt werden.

10 Straf- und Bußgeldverfahren

AUFGABE 1

1. Die Steuerpflichtige hat eine **Steuerstraftat** begangen, weil sie vorsätzlich (d.h. wissentlich und willentlich) gehandelt hat, mit der Folge, dass Steuern verkürzt wurden (§ 370 Abs. 1 AO). Auch der Versuch ist bereits strafbar (§ 370 Abs. 2 AO).
2. Gegen Martina Roth kann eine **Geldstrafe** (oder **Freiheitsstrafe**) verhängt werden (§ 370 Abs. 1 und 3 AO).

AUFGABE 2

1. Ingo Busch hat eine **Ordnungswidrigkeit** begangen, weil er vorsätzlich unrichtige Belege gegen Entgelt in Umlauf gebracht hat und es Herrn Baum dadurch ermöglicht hat, seine Steuer zu verkürzen (Steuergefährdung gem. § 379 Abs. 1 Nr. 2 AO).
2. Gegen Ingo Busch kann eine **Geldbuße** verhängt werden (§ 379 Abs. 4 AO).

AUFGABE 3

Der Steuerfachangestellte Kevin Müller hat gewerbsmäßig unbefugt Hilfe in Steuersachen geleistet und somit eine Ordnungswidrigkeit nach § 160 StBerG begangen. Er sollte seine Freunde und Nachbarn als Mandanten bei seinem Arbeitgeber in der Kanzlei aufnehmen, sodass er dann dort legal deren Erklärungen bearbeiten kann.

Prüfungsaufgaben: Abgabenordnung

PRÜFUNGSAUFGABE 1

1. 2024: bis zum **31.07.2025** (= 31.12.2024 + 7 Monate) (§§ 149 Abs. 2 Satz 1, 108 Abs. 3 AO)
2. **Verspätungszuschlag** (§ 152 AO)
3. Die Festsetzungsfrist endet bei Abgabe der Steuererklärung für den VZ 2024 im Jahr 2025 **mit Ablauf des 31.12.2029** (= 31.12.2025 + 4 Jahre) (§ 169 Abs. 2 AO; § 170 Abs. 2 Satz 1 Nr. 1 AO; § 108 Abs. 3 AO)
4. **Einspruchsentscheidung** (§ 367 Abs. 1 Satz 1 AO)
5. bis zum **16.04.2026/24:00 Uhr** (12.03.2026 + 4 Tage + 1 Monat lt. § 47 Abs. 1 FGO)
6. **FG-Urteil** (§ 95 FGO)

PRÜFUNGSAUFGABE 2

1. **Wohnsitz-FA** Landshut (§ 19 Abs. 1 AO)
2. **Betriebs-FA** München (§ 18 Abs. 1 Nr. 2 AO i. V. m. § 180 Abs. 1 Nr. 2a) AO)
3. **Betriebs-FA** München (§ 22 Abs. 1 AO i. V. m. § 18 Abs. 1 Nr. 2 AO)
4. **Gemeindefinanzbehörde** München (§ 16 Abs. 1 GewStG)
5. **Gemeindefinanzbehörde** Rosenheim (§ 27 Abs. 1 GrStG)
6. **Verwaltungs-FA** Traunstein (§ 18 Abs. 1 Nr. 4 AO i. V. m. § 180 Abs. 1 Nr. 2a) AO)

PRÜFUNGSAUFGABE 3

1. Der ESt-Bescheid 2025 wird wirksam mit Bekanntgabe (§ 124 Abs. 1 Satz 1 AO). Er gilt am **05.06.2026** (= 01.06.2026 + 4 Tage) als bekannt gegeben (§ 122 Abs. 2 AO).
2. Herr Lappas kann innerhalb der Rechtsbehelfsfrist **Einspruch** (§ 347 AO) gegen den Bescheid einlegen **oder** einen Antrag auf **schlichte Änderung** (§ 172 Abs. 1 Nr. 2a) AO) stellen.
3. Die Rechtsbehelfsfrist endet am **06.07.2026/24:00 Uhr** (05.06.2026 + 1 Monat sowie nächstfolgender Werktag nach § 108 Abs. 3 AO) (§ 355 i. V. m § 108 Abs. 3 AO).
4. Der Einspruch muss **zulässig** und **begründet** sein. Für die **Zulässigkeit** ist zu prüfen, ob er statthaft ist (§ 347 Abs. 1 AO: ja, da in Abgabeangelegenheiten), innerhalb der Einspruchsfrist eingelegt wird (§ 355 AO: ja, wenn bis Ablauf des 06.07.2026 eingelegt), den Formvorschriften genügt (§ 357 Abs. 1 AO: ja, wenn schriftlich/zur Niederschrift erfolgt) und der Einspruchsführer beschwert ist (§ 350 AO: ja, da Steuerfestsetzung zu hoch). Außerdem muss der Einspruch mit einer **Begründung** (§ 357 Abs. 3 AO: ja, wenn er anführt, dass die Werbungskosten zu Unrecht nicht anerkannt worden sind und diese ggf. nochmals durch Belege nachweist) versehen werden. Dann hat der Einspruch Aussicht auf Erfolg.

PRÜFUNGSAUFGABE 4

1. Damit der komplette Steuerfall nochmals geprüft wird, ist ein **Einspruch** (§ 347 AO) einzulegen.
2. Er muss einen **Antrag auf Aussetzung der Vollziehung** (§ 361 AO) stellen.
3. **Beginn** der Rechtsbehelfsfrist: 30.07.2026 + 4 Tage = **03.08.2026** Bekanntgabetag
   Dauer der Rechtsbehelfsfrist (§ 355 AO): 1 Monat
   Ende der Rechtsbehelfsfrist: **03.09.2026/24:00 Uhr**
4. **Beginn** der Fälligkeit: 30.07.2026 + 4 Tage = **03.08.2026** Bekanntgabetag
   Dauer der Fälligkeit (§ 36 Abs. 4 Satz 1 EStG): 1 Monat
   Ende der Fälligkeit: **03.09.2026/24:00 Uhr**

5. Die ESt-Abschlusszahlung beträgt 3.330 €. Der **Säumniszuschlag** beträgt nach § 240 Abs. 1 AO für jeden **angefangenen Monat der Säumnis 1%** des rückständigen, **auf 50 Euro** nach unten **abgerundeten** Steuerbetrags (= **3.300€**).
   Der **Säumniszuschlag** beträgt ab 04.09.2026:

für die erste Zahlung (04.09.2026 - 11.09.2026): 1% von 1.300 € =	13,00 €
[Hinweis: 08.09.2026 + 3 Tage (Scheck) = 11.09.2026 (Freitag)]	
für die zweite Zahlung (04.09.2026 - 06.10.2026): 2% von 2.000 € =	40,00 €
insgesamt	**53,00 €**

6. Für die **Stundung** (§§ 222, 234 AO) gilt:

für die erste Zahlung (04.09.2026 - 11.09.2026): kein voller Monat =	0,00 €
für die zweite Zahlung (04.09.2026 - 06.10.2026): 0,5% von 2.000 € =	10,00 €
insgesamt	**10,00 €**

   Somit wäre eine Stundung günstiger gewesen; Walter hätte 43 € gespart.

PRÜFUNGSAUFGABE 5

1. **Beginn** der Einspruchsfrist: 07.08.2026 + 4 Tage = **11.08.2026**
   Dauer der Einspruchsfrist: 1 Monat (§ 355 AO)
   Ende der Einspruchsfrist: **11.09.2026/24:00 Uhr**
2. Eine **Änderung** des Bescheides nach § 172 Abs. 1 Nr. 2a) AO ist **nicht möglich**, da Georg Pasch am
   - 14.09.2026 (also **außerhalb** der Einspruchsfrist),
   - zu seinen Gunsten,
   - einen Antrag auf schlichte Änderung gestellt hat,
   - der nicht an die Schriftform gebunden ist.

   Innerhalb der Einspruchsfrist **wäre** eine **Änderung** des Bescheides **möglich** gewesen (z.B. Anruf am 10.09.2026). Weitere Änderungsvorschriften greifen ebenfalls nicht. Die schriftliche Bestätigung seines mündlichen Antrags hat keine Auswirkung.

PRÜFUNGSAUFGABE 6

1. **Beginn** der Rechtsbehelfsfrist: 12.08.2026 + 4 Tage = 16.08.2026 (Sonntag), also **17.08.2026** (Bekanntgabetag)
   Dauer der Rechtsbehelfsfrist: 1 Monat nach § 355 AO
   Ende der Rechtsbehelfsfrist: **17.09.2026 (Do)/24:00 Uhr**
2. Die Abschlusszahlung ist ebenfalls am **17.09.2026** fällig (= Bekanntgabetag 17.08.2026 + 1 Monat nach § 36 Abs. 4 EStG).
3. Herr Schreckegast kann nur (schriftlich!) den Rechtsbehelf des **Einspruchs** geltend machen. Bei einem „Antrag auf schlichte Änderung" (§ 172 Abs. 1 Nr. 2a) AO) ist eine Aussetzung der Vollziehung (AdV nach § 361 AO) nicht möglich. In der Praxis wird man in der Regel so vorgehen, dass man schnellstmöglich beim Finanzamt anruft und auf die **offenbare Unrichtigkeit** (§ 129 AO) hinweist. Daraufhin wird das Finanzamt einen Änderungsbescheid erlassen, sodass der neue (geänderte) Bescheid noch vor der Fälligkeit der Zahlung des alten (unzutreffenden) Bescheids in Kraft tritt.

C. Umsatzsteuer

1 Einführung in die Umsatzsteuer

FALL 1

Unternehmer	entstandene USt (Traglast)	abziehbare Vorsteuer	USt-Schuld (Zahllast)	Wertschöpfung des Unternehmers
Kiesgrube Wilms	570 €	0 €	570 €	3.000 €
Betonwerk Zecha	950 €	570 €	380 €	2.000 €
Großhändler Grün	1.615 €	950 €	665 €	3.500 €
Einzelhändler Ebel	2.090 €	1.615 €	475 €	2.500 €
			2.090 €	11.000 €

Erläuterungen:

Das Betonwerk Zecha hat seinem Kunden (Baustoffgroßhändler Grün) beim Verkauf der Palisaden 950 € Umsatzsteuer in Rechnung gestellt. Zecha musste jedoch beim Kieseinkauf 570 € Umsatzsteuer an seinen Lieferanten (Kiesgrube Wilms) zahlen. Da Zecha die selbst gezahlte Umsatzsteuer in Höhe von 570 € als Vorsteuer von der beim Verkauf berechneten Umsatzsteuer in Höhe von 950 € abziehen kann, muss er nur noch 380 € Umsatzsteuer an das Finanzamt zahlen.

Die Erläuterung gilt für alle Unternehmer analog.

Solange der Käufer die selbst gezahlte Umsatzsteuer vom Finanzamt zurückerhält (z. B. durch Vorsteuerabzug oder tatsächliche Rückzahlung), belastet sie ihn nicht.

Der private Endverbraucher bzw. der nicht vorsteuerabzugsberechtigte Unternehmer erhält keinen Vorsteuerabzug bzw. keine Umsatzsteuererstattung. Die gesamte Umsatzsteuer aller Wirtschaftsstufen (2.090 €) belastet den privaten Endverbraucher. Das Finanzamt erhält diesen Betrag in Raten (von Wilms 570 €, von Zecha 380 €, ...).

Die (Mehr-)Wertschöpfung aller Unternehmer beträgt 11.000 €. Die Umsatzsteuer hierauf entspricht der Endverbraucherbelastung (19 % von 11.000 € = 2.090 €).

FALL 2

zu	Begriffe	Erläuterungen
a)	**steuerbarer Umsatz**	Umsatzgeschäft, dass alle Tatbestandsmerkmale des §1 Abs. 1 Nr. 1 UStG erfüllt. Der Staat kann diesen Umsatz besteuern. Alle vier genannten Umsätze sind steuerbar.
	steuerfreier Umsatz	Bestimmte in §4 UStG genannte steuerbare Umsätze sind steuerfrei, d.h., der Staat verzichtet auf sein Besteuerungsrecht. Bei der Wohnungsvermietung und bei der Arztbehandlung handelt es sich um steuerfreie Umsätze (§4 Nr. 12a und §4 Nr. 14 UStG).
	steuerpflichtiger Umsatz	Hat der Staat einen steuerbaren Umsatz nicht steuerbefreit, so ist dieser Umsatz steuerpflichtig. Der TV-Kauf und der Benzinkauf sind steuerpflichtig.
	Bemessungsgrundlage	Als Berechnungsgrundlage der USt dient die Bemessungsgrundlage. Es handelt sich hierbei um den reinen Waren- oder Dienstleistungswert (ohne Umsatzsteuer).
b)	**Nettowert (Entgelt)**	Rechnungsbetrag ohne USt (= Bemessungsgrundlage) [785,40 € : 1,19 = 660 € (TV-Gerät)] [41,65 : 1,19 = 35 € (Benzin)]
	Bruttowert	Rechnungsbetrag mit USt [660 € + 125,40 USt = 785,40 € (TV-Gerät)] [35 € + 6,65 USt = 41,65 € (Benzin)]
	insgesamt gezahlte USt	132,05 € [125,40 € (TV-Gerät) + 6,65 € (Benzin)]

FALL 3

Die **Leistungen** der Frau Linn werden in der **Umsatzsteuer-Voranmeldung 2026** wie folgt eingetragen:

Zeile 13: Tz. 1	**12.000 €** (14.280 € : 1,19)
Zeile 14: Tz. 2 und Tz. 3	**25.500 €** [7.000 € + 18.500 € (19.750 € : 1,07)]
Zeile 19: Tz. 5	**2.000 €**
Zeile 22: Tz. 6	**1.600 €**
Zeile 23: Tz. 4	**4.800 €**

Die **Einkäufe** der Frau Linn ergeben folgende **Vorsteuerbeträge**:

Zeile 38: Tz. 1 und Tz. 2	**1.196 €** (1.140 € + 56 €)
Zeilen 25 + 39: Tz.3	**171 €** (19 % von 900 €)
Zeile 40: Tz. 4	**42 €** (7 % von 600 €).

2026

Umsatzsteuer-Voranmeldung

— Eingangsstempel — **11**

	Steuernummer	Wirtschafts-Identifikationsnummer
1	11/088/08/288	D E

30

An das Finanzamt

2 Lörrach, Luisenstraße 10a, 79539 Lörrach

Unternehmer – ggf. abweichende Firmenbezeichnung – Anschrift – Telefon – E-Mail-Adresse

3 Lea Linn

4 Palmstr. 2

5 79539 Lörrach

Voranmeldungszeitraum

	bei **monatlicher** Abgabe bitte hier ankreuzen			bei **vierteljährlicher** Abgabe bitte hier ankreuzen
6	Januar	Mai	September	I. Kalendervierteljahr
7	Februar	Juni	Oktober	II. Kalendervierteljahr
8	März	Juli	November	III. Kalendervierteljahr
9	April	X August	Dezember	IV. Kalendervierteljahr

10 **Berichtigte Anmeldung** **10** 1 = Ja

11 **Belege** (z. B. Verträge, Rechnungen) sind beigefügt bzw. werden gesondert eingereicht **22** 1 = Ja

12 **Wechsel von der Kleinunternehmer-Regelung (§ 19 UStG) zur Regelbesteuerung** Datum des Wechsels **70**

			Bemessungsgrundlage ohne Umsatzsteuer EUR		Steuer EUR Ct
	A. Steuerpflichtige Lieferungen, sonstige Leistungen und unentgeltliche Wertabgaben				
	Steuerpflichtige Umsätze				
13	zum Steuersatz von 19 %	**81**	12.000		2.280,00
14	zum Steuersatz von 7 %	**86**	25.500		1.785,00
15	zum Steuersatz von 0 %	**87**			
16	zu anderen Steuersätzen	**35**		**36**	
17	Lieferungen land- und forstwirtschaftlicher Betriebe nach § 24 UStG an Abnehmer **mit** Umsatzsteuer-Identifikationsnummer	**77**			
18	Umsätze, für die eine Steuer nach § 24 UStG zu entrichten ist (Sägewerkserzeugnisse, Getränke und alkoholische Flüssigkeiten, z. B. Wein)	**76**		**80**	
	B. Steuerfreie Lieferungen, sonstige Leistungen und unentgeltliche Wertabgaben				
	Steuerfreie Umsätze mit Vorsteuerabzug				
	Innergemeinschaftliche Lieferungen (§ 4 Nummer 1 Buchstabe b UStG)				
19	an Abnehmer **mit** Umsatzsteuer-Identifikationsnummer	**41**	2.000		
20	neuer Fahrzeuge an Abnehmer **ohne** Umsatzsteuer-Identifikationsnummer	**44**			

Steuernummer 11/088/08/288

- 2 -

Zeile		Kz	Bemessungsgrundlage ohne Umsatzsteuer EUR	Kz	Steuer EUR	Ct
21	neuer Fahrzeuge außerhalb eines Unternehmens (§ 2a UStG)	49				
	Weitere steuerfreie Umsätze mit Vorsteuerabzug					
22	z. B. Ausfuhrlieferungen, Umsätze nach § 4 Nummer 2 bis 7 UStG, Umsätze nach Verordnungen der EU	43	1.600			
	Steuerfreie Umsätze ohne Vorsteuerabzug					
23	z. B. Umsätze nach § 4 Nummer 8 bis 29 oder § 19 Absatz 1 UStG	48	4.800			
	C. Innergemeinschaftliche Erwerbe					
	Steuerfreie innergemeinschaftliche Erwerbe					
24	von bestimmten Gegenständen und Anlagegold (§§ 4b und 25c UStG)	91				
	Steuerpflichtige innergemeinschaftliche Erwerbe					
25	zum Steuersatz von 19 %	89	900		171	00
26	zum Steuersatz von 7 %	93				
27	zum Steuersatz von 0 %	90				
28	zu anderen Steuersätzen	95		98		
29	**neuer Fahrzeuge** (§ 1b Absatz 2 und 3 UStG) von Lieferern **ohne** Umsatzsteuer-Identifikationsnummer zum allgemeinen Steuersatz	94		96		
	D. Leistungsempfänger als Steuerschuldner (§ 13b UStG)					
30	Sonstige Leistungen nach § 3a Absatz 2 UStG eines im übrigen Gemeinschaftsgebiet ansässigen Unternehmers (§ 13b Absatz 1 UStG)	46		47		
31	Umsätze, die unter das GrEStG fallen (§ 13b Absatz 2 Nummer 3 UStG)	73		74		
32	Andere Leistungen (§ 13b Absatz 2 Nummer 1, 2, 4 bis 12 UStG)	84		85		
	E. Ergänzende Angaben zu Umsätzen					
33	Lieferungen des ersten Abnehmers bei **innergemeinschaftlichen Dreiecksgeschäften** (§ 25b UStG)	42				
34	Steuerpflichtige Umsätze des leistenden Unternehmers, für die der **Leistungsempfänger** die **Steuer nach § 13b Absatz 5 UStG schuldet**	60				
35	**Nicht steuerbare sonstige Leistungen** gemäß § 18b Satz 1 Nummer 2 UStG	21				
36	**Übrige nicht steuerbare Umsätze** (Leistungsort nicht im Inland)	45				
37	**Umsatzsteuer (Summe der Zeilen 13 bis 18 und 25 bis 32)**					
	F. Abziehbare Vorsteuerbeträge und Berichtigung des Vorsteuerabzugs					
38	Vorsteuerbeträge aus Rechnungen von anderen Unternehmern (§ 15 Absatz 1 Satz 1 Nummer 1 UStG), aus Leistungen im Sinne des § 27 Absatz 40a UStG und aus innergemeinschaftlichen Dreiecksgeschäften (§ 25b Absatz 5 UStG)			66	1.196	00
39	Vorsteuerbeträge aus dem innergemeinschaftlichen Erwerb von Gegenständen (§ 15 Absatz 1 Satz 1 Nummer 3 UStG)			61	171	00
40	Entstandene Einfuhrumsatzsteuer (§ 15 Absatz 1 Satz 1 Nummer 2 UStG)			62	42	00
41	Vorsteuerbeträge aus Leistungen im Sinne des § 13b UStG (§ 15 Absatz 1 Satz 1 Nummer 4 UStG)			67		

Steuernummer 11/088/08/288

- 3 -

Zeile		Bemessungsgrundlage ohne Umsatzsteuer EUR		Steuer EUR Ct
42	Vorsteuerbeträge, die nach allgemeinen Durchschnittssätzen berechnet sind (§ 23a UStG)		63	
43	Vorsteuerabzug für innergemeinschaftliche Lieferungen neuer Fahrzeuge außerhalb eines Unternehmens (§ 2a UStG) sowie von Kleinunternehmern im Sinne des § 19 Absatz 1 UStG (§ 15 Absatz 4a UStG)		59	
44	Berichtigung des Vorsteuerabzugs (§ 15a UStG)		64	
45	Verbleibender Betrag (Zeile 37 abzüglich der Zeilen 38 bis 44)			2.827 00
	G. Andere Steuerbeträge			
46	Steuer infolge des Wechsels der Besteuerungsform sowie Nachsteuer auf versteuerte Anzahlungen und ähnlichem wegen Steuersatzänderung		65	
47	In Rechnungen unrichtig oder unberechtigt ausgewiesene Steuerbeträge (§ 14c UStG) sowie Steuerbeträge, die nach § 6a Absatz 4 Satz 2, § 17 Absatz 1 Satz 7, § 25b Absatz 2 UStG oder von einem Auslagerer oder Lagerhalter nach § 27 Absatz 40a UStG geschuldet werden		69	
	H. Vorauszahlung/Überschuss			
48	**Umsatzsteuer-Vorauszahlung/Überschuss (Summe der Zeilen 45 bis 47)**			2.827 00
49	**Abzug** der festgesetzten **Sondervorauszahlung** für Dauerfristverlängerung (in der Regel nur in der letzten Voranmeldung des Besteuerungszeitraums auszufüllen)		39	
50	**Verbleibende Umsatzsteuer-Vorauszahlung** **Verbleibender Überschuss** – bitte dem Betrag ein Minus voranstellen - **(Bitte in jedem Fall ausfüllen)**		83	2.827 00
	I. Ergänzende Angaben zu Minderungen nach § 17 Absatz 1 Sätze 1 und 2 in Verbindung mit Absatz 2 Nummer 1 Satz 1 UStG			
51	Minderung der Bemessungsgrundlage (in den Zeilen 13 bis 18 enthalten)	50		
52	Minderung der abziehbaren Vorsteuerbeträge (in der Zeile 38 aus Rechnungen von anderen Unternehmen (§ 15 Absatz 1 Satz 1 Nummer 1 UStG) sowie in den Zeilen 42 und 43 enthalten)		37	

J. Sonstige Angaben **11 / 86**

Ein Erstattungsbetrag wird auf das dem Finanzamt benannte Konto überwiesen, soweit der Betrag nicht mit Steuerschulden verrechnet wird.

53 **Verrechnung des Erstattungsbetrags erwünscht / Erstattungsbetrag ist abgetreten.** Geben Sie bitte die Verrechnungswünsche auf einem gesonderten Blatt an oder auf dem beim Finanzamt erhältlichen Vordruck „Verrechnungsantrag". **29** 1 = Ja

54 Das **SEPA-Lastschriftmandat** soll ausnahmsweise (z. B. wegen Verrechnungswünschen) für diesen Voranmeldungszeitraum **nicht verwendet** werden (falls ja, bitte eine „1" eintragen). Ein ggf. verbleibender Restbetrag ist gesondert zu entrichten. **26** 1 = Ja

Ergänzende Angaben zur Steueranmeldung

Eine Eintragung ist in Zeile 55 nur vorzunehmen, wenn einer der dort genannten Sachverhalte vorliegt. In diesem Fall erläutern Sie bitte diese Sachverhalte in den „Ergänzenden Angaben zur Steueranmeldung". Die ergänzenden Angaben werden gesondert geprüft. Dies kann die Bearbeitungsdauer verlängern. Falls Sie mit der Abgabe der Steueranmeldung lediglich Belege und Aufstellungen übermitteln, ist in Zeile 55 keine Eintragung vorzunehmen.

55 In dieser Steueranmeldung **500**
1 = konnten steuererhebliche Sachverhalte nicht erklärt werden.
2 = wird bewusst eine von der Verwaltungsauffassung abweichende Rechtsauffassung vertreten.
3 = sollen Sachverhalte personell vertieft geprüft werden.
4 = liegen mehrere der vorgenannten Gründe vor (Mehrfachauswahl).

Hinweis: Bitte übermitteln Sie Ihre ergänzenden Angaben nur für die vorstehend genannten Sachverhalte mit einer gesonderten Anlage mit der Überschrift „**Ergänzende Angaben zur Steueranmeldung**".

Datenschutzhinweis:
Die mit der Steueranmeldung angeforderten Daten werden auf Grund der §§ 149, 150 AO und der §§ 18, 18b UStG erhoben. Die Angabe der Telefonnummer und der E-Mail-Adresse ist freiwillig. Informationen über die Verarbeitung personenbezogener Daten in der Steuerverwaltung und über Ihre Rechte nach der Datenschutz-Grundverordnung sowie über Ihre Ansprechpartner in Datenschutzfragen entnehmen Sie bitte dem allgemeinen Informationsschreiben der Finanzverwaltung. Dieses Informationsschreiben finden Sie unter www.finanzamt.de (unter der Rubrik „Datenschutz") oder erhalten Sie bei Ihrem Finanzamt.

56 04.09.2026 *Lea Linn*

Datum, Unterschrift

2 Steuerbare entgeltliche Leistungen

FALL 1

Tz.	Umsatzart nach § 1 i. V. m. § 3 UStG	
1.	**Beförderungslieferung**	[Der Abnehmer (Schlaudt) bewegt den Gegenstand der Lieferung; sog. Abholfall.]
2.	**Versendungslieferung**	[Der Gegenstand der Lieferung wird durch einen selbständigen Beauftragten (die Post AG) fortbewegt.]
3.	**Versendungslieferung**	[Der Gegenstand der Lieferung wird durch einen selbständigen Beauftragten (die Bahn) fortbewegt.]
4.	**Versendungslieferung**	[Der Gegenstand der Lieferung wird durch einen selbständigen Beauftragten (den Spediteur B) besorgt.]
5.	**Beförderungslieferung**	[Der Lieferer (U) bewegt den Gegenstand der Lieferung selbst fort.]
6.	**Beförderungslieferung**	(Da A die Ware bewegt, liegt zwischen A und B eine Lieferung mit Warenbewegung vor = Beförderungslieferung, Reihengeschäft. Zwischen B und C liegt eine ruhende Lieferung vor.)

FALL 2

Tz.	Umsatzart nach § 1 i. V. m. § 3 UStG	
1.	**Lieferung**	(Verschaffung der Verfügungsmacht über ein Buch)
2.	**sonstige Leistung**	(Leistung, die keine Lieferung ist; Tun/Beförderungsleistung)
3.	**sonstige Leistung**	(Leistung, die keine Lieferung ist; Dulden)
4.	**Lieferung**	(Verschaffung der Verfügungsmacht über ein Buch)
5.	**sonstige Leistung**	(Leistung, die keine Lieferung ist; Tun)
6.	**sonstige Leistung**	(Leistung, die keine Lieferung ist; Dulden)
7.	**Lieferung**	(Transport = Nebenleistung, Einheitlichkeit der Leistung)
8.	**sonstige Leistung**	(Leistung, die keine Lieferung ist; Unterlassen)
9.	**Lieferung**	(Verschaffung der Verfügungsmacht über Standard-Software)
10.	**sonstige Leistung**	(Die Abgabe der Telefonkarten stellt einen Umtausch des Zahlungsmittels „Bargeld“ in ein anderes Zahlungsmittel „elektronisches Geld“ dar; Tun)
11.	**sonstige Leistung**	(sonstige Leistung, Restaurationsumsatz; Tun)
12.	**sonstige Leistung**	(Leistung, die keine Lieferung ist; Dulden)

FALL 3

1. **Nein**, Studienreferendar nicht selbständig; Fahrradverkauf nicht nachhaltig.
2. **Ja**, weil er als natürliche Person eine gewerbliche Tätigkeit selbständig ausübt.
3. **Ja**, weil er als natürliche Person eine berufliche Tätigkeit selbständig ausübt.
4. **Nein**, weil der Arzt nicht selbständig ist (Krankenhaus = Unternehmer).
5. **Ja**, weil er als natürliche Person eine berufliche Tätigkeit selbständig ausübt.
6. **Nein**, weil der Verlag Klein GmbH als juristische Person nicht selbständig ist.
7. **Ja**, Schreinermeister A und seine Ehefrau sind beide Unternehmer, weil sie als natürliche Personen jeweils eine selbständige Tätigkeit nachhaltig ausüben.
8. **Ja**, jedoch nur eine gemeinschafliche Unternehmereigenschaft (Gütergemeinschaft).
9. **Nein**, weil die Schneider Textilienvertrieb GmbH keine eigene Unternehmereigenschaft besitzt (§ 2 Abs. 2 Nr. 2 UStG).

FALL 4

	Inland	Gemeinschaftsgebiet	Drittlandsgebiet
1. Freihafen Bremerhaven			x
2. Dresden	x	x	
3. Insel Helgoland			x
4. Berlin	x	x	
5. Insel Sylt	x	x	
6. Freihafen Duisburg	x	x	
7. Mittelberg (Kleines Walsertal)		x	
8. Büsingen am Hochrhein			x
9. Moskau			x
10. Monaco		x	
11. Rom		x	
12. Insel Man		x	
13. Jungholz (Tirol)		x	
14. Sofia (Bulgarien)		x	

FALL 5

1. **Nein**, weil keine Gegenleistung erfolgt.
2. **Ja**, weil alle drei Merkmale des Leistungsaustauschs vorliegen.
3. **Nein**, weil keine zwei verschiedenen Personen gegeben sind (Innenumsatz).
4. **Nein**, weil keine Leistung an die Deutsche Bahn AG erfolgt (Schadenersatz).
5. **Nein**, weil der wirtschaftliche Zusammenhang fehlt.
6. **Ja**, weil alle drei Merkmale des Leistungsaustauschs vorliegen.
7. **Nein**, weil keine zwei verschiedenen Personen gegeben sind (Innenumsatz).
8. **Nein**, weil keine Leistung gegenüber der Versicherung erbracht wird (vgl. 4.).
9. **Ja**, weil alle Merkmale des Leistungsaustauschs vorliegen (Abschn. 1.3 Abs. 1 Satz 4 und Abs. 11 UStAE).
10. **Ja**, weil ein Tausch mit Baraufgabe vorliegt.

FALL 6

zu 1:

Prüfung der Steuerbarkeit gem. § 1 Abs. 1 Nr. 1 UStG:

	Tatbestandsvoraussetzungen 1 bis 5:
1.	Baustoffe → **Lieferung** (§ 3 Abs. 1 UStG; speziell Beförderungslieferung gem. § 3 Abs. 6 Satz 1 + 2 UStG; Zement → sog. Abholfall)
2.	Jost → **Unternehmer** (§ 2 Abs. 1 Sätze 1 + 3 UStG) a) Baustoffhandel → gewerbliche Tätigkeit • Nachhaltigkeit • Einnahmenerzielungsabsicht b) Baustoffhandel → selbständige Tätigkeit
3.	Wiesbaden → **Inland** (§ 3 Abs. 6 Satz 1 i. V. m. § 1 Abs. 2 UStG)
4.	25.000 € → **Entgelt** (§ 10 Abs. 1 Sätze 1 + 2 UStG)
5.	Zement + Ziegelsteine → **im Rahmen des Baustoffhandels** (Grundgeschäft; Abschn. 2.7 Abs. 2 Satz 1 UStAE)
	Rechtsfolge (RF): → Jost tätigt eine **steuerbare Leistung**.

zu 2:

Prüfung der Steuerbarkeit gem. § 1 Abs. 1 Nr. 1 UStG:

	Milles	Butschkau
1.	**Lieferung** (§ 3 Abs. 1 UStG; speziell Versendungslieferung § 3 Abs. 6 Sätze 3 + 4 UStG)	**Sonstige Leistung** (§ 3 Abs. 9 Satz 1 UStG; Beförderungsleistung)
2.	**Unternehmer** (§ 2 Abs. 1 Sätze 1 + 3 UStG)	**Unternehmer** (§ 2 Abs. 1 Sätze 1 + 3 UStG)
3.	**Inland** (§ 1 Abs. 2 UStG; Halle § 3 Abs. 6 Satz 1 UStG)	**Inland** (§ 1 Abs. 2 UStG; § 3a Abs. 2 UStG: Sitzort des Empfängers)
4.	**Entgelt** (§ 10 Abs. 1 Sätze 1 + 2 UStG; 130.000 €)	**Entgelt** (§ 10 Abs. 1 Sätze 1 + 2 UStG; 4.000 €)
5.	**Grundgeschäft** (Abschn. 2.7 Abs. 2 Satz 1 UStAE)	**Grundgeschäft** (Abschn. 2.7 Abs. 2 Satz 1 UStAE)
RF:	→ **steuerbare Lieferung**	→ **steuerbare sonstige Leistung**

zu 3:

a) Sonderfall „Reihengeschäft“ (§ 3 Abs. 6a UStG/Abschn. 3.14 Abs. 8 Satz 1 UStAE):

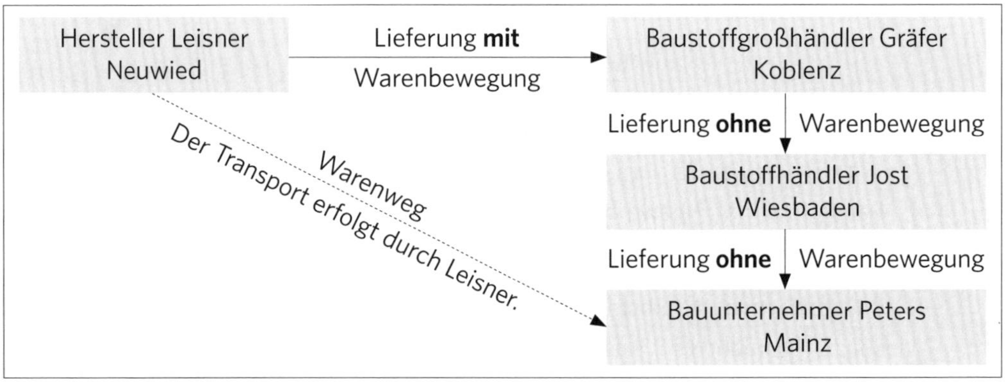

Prüfung der Steuerbarkeit gem. § 1 Abs. 1 Nr. 1 UStG:

	Leisner	Gräfer	Jost
1.	**Lieferung** (§ 3 Abs. 1 UStG; speziell **Beförderungslieferung** bzw. Lieferung **mit** Warenbewegung § 3 Abs. 6 Satz 1, Abs. 6a UStG)	**Lieferung** (§ 3 Abs. 1 UStG; speziell ruhende Lieferung bzw. Lieferung ohne Warenbewegung)	**Lieferung** (§ 3 Abs. 1 UStG; speziell ruhende Lieferung bzw. Lieferung ohne Warenbewegung)
2.	**Unternehmer** (§ 2 Abs. 1 Sätze 1 + 3 UStG)	**Unternehmer** (§ 2 Abs. 1 Sätze 1 + 3 UStG)	**Unternehmer** (§ 2 Abs. 1 Sätze 1 + 3 UStG)
3.	**Inland** (§ 1 Abs. 2 UStG; Neuwied § 3 Abs. 6 Satz 1, Abs. 6a UStG)	**Inland** (§ 1 Abs. 2 UStG; Mainz § 3 Abs. 7 Satz 2 Nr. 2 UStG)	**Inland** (§ 1 Abs. 2 UStG; Mainz § 3 Abs. 7 Satz 2 Nr. 2 UStG)
4.	**Entgelt** (§ 10 Abs. 1 Sätze 1 + 2 UStG; 3.000 €)	**Entgelt** (§ 10 Abs. 1 Sätze 1 + 2 UStG; 4.500 €)	**Entgelt** (§ 10 Abs. 1 Sätze 1 + 2 UStG; 6.000 €)
5.	**Grundgeschäft** (Abschn. 2.7 Abs. 2 Satz 1 UStAE)	**Grundgeschäft** (Abschn. 2.7 Abs. 2 Satz 1 UStAE)	**Grundgeschäft** (Abschn. 2.7 Abs. 2 Satz 1 UStAE)
RF:	**→ steuerbare Lieferung**	**→ steuerbare Lieferung**	**→ steuerbare Lieferung**

b) Sonderfall „Reihengeschäft“ (§ 3 Abs. 6a UStG/Abschn. 3.14 Abs. 8 Satz 2 UStAE):

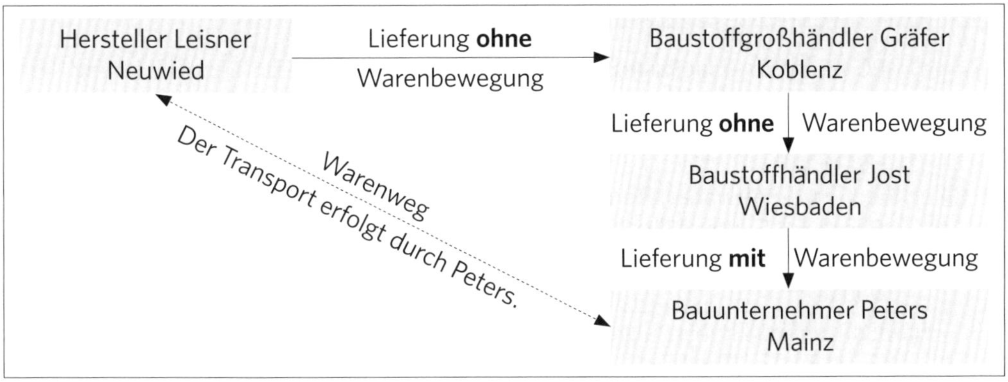

Prüfung der Steuerbarkeit gem. § 1 Abs. 1 Nr. 1 UStG:

	Leisner	Gräfer	Jost
1.	**Lieferung** (§ 3 Abs. 1 UStG; speziell ruhende Lieferung bzw. Lieferung ohne Warenbewegung)	**Lieferung** (§ 3 Abs. 1 UStG; speziell ruhende Lieferung bzw. Lieferung ohne Warenbewegung)	**Lieferung** (§ 3 Abs. 1 UStG; speziell Beförderungslieferung bzw. Lieferung mit Warenbewegung § 3 Abs. 6 Satz 1, Abs. 6a UStG)
2.	**Unternehmer** (§ 2 Abs. 1 Sätze 1 + 3 UStG)	**Unternehmer** (§ 2 Abs. 1 Sätze 1 + 3 UStG)	**Unternehmer** (§ 2 Abs. 1 Sätze 1 + 3 UStG)
3.	**Inland** (§ 1 Abs. 2 UStG; Neuwied § 3 Abs. 6 Satz 1 UStG)	**Inland** (§ 1 Abs. 2 UStG; Neuwied § 3 Abs. 7 Satz 2 Nr. 1 UStG)	**Inland** (§ 1 Abs. 2 UStG; Neuwied § 3 Abs. 6 Satz 1 UStG)
4.	**Entgelt** (§ 10 Abs. 1 Sätze 1 + 2 UStG; 3.000 €)	**Entgelt** (§ 10 Abs. 1 Sätze 1 + 2 UStG; 4.500 €)	**Entgelt** (§ 10 Abs. 1 Sätze 1 + 2 UStG; 6.000 €)
5.	**Grundgeschäft** (Abschn. 2.7 Abs. 2 Satz 1 UStAE)	**Grundgeschäft** (Abschn. 2.7 Abs. 2 Satz 1 UStAE)	**Grundgeschäft** (Abschn. 2.7 Abs. 2 Satz 1 UStAE)
RF:	**→ steuerbare Lieferung**	**→ steuerbare Lieferung**	**→ steuerbare Lieferung**

zu 4:

Prüfung der Steuerbarkeit gem. § 1 Abs. 1 Nr. 1 UStG:

1.	a) PC/Zubehör → **Lieferung** (§ 3 Abs. 1 UStG; speziell Beförderungslieferung gem. § 3 Abs. 6 Satz 1 + 2 UStG → sog. Abholfall), b) Standard-Software (Laden) → **Lieferung** (s.o., Abschn. 3.5 Abs. 2 Nr. 1 UStAE), c) Standard-Software (Internet) → **sonstige Leistung** (§ 3 Abs. 9 Satz 1 UStG, Abschn. 3.5 Abs. 3 Nr. 8 Satz 2 UStAE), d) Individual-Software → **sonstige Leistung** (s.o., Abschn. 3.5 Abs. 3 Nr. 8 Satz 1 UStAE)
2.	HardSoftCompu GmbH → **Unternehmer** (§ 2 Abs. 1 Sätze 1 + 3 UStG)
3.	a) + b) Essen → **Inland** (§ 3 Abs. 6 Satz 1 i.V.m. § 1 Abs. 2 UStG) c) Essen → **Inland** (§ 3a Abs. 1 i.V.m. § 1 Abs. 2 UStG) d) Köln → **Inland** (§ 3a Abs. 2 Satz 1 i.V.m. § 1 Abs. 2 UStG)
4.	14.200 € → **Entgelt** (§ 10 Abs. 1 Sätze 1 + 2 UStG)
5.	**Grundgeschäfte** (Abschn. 2.7 Abs. 2 Satz 1 UStAE)
Rechtsfolge → Die HardSoftCompu GmbH tätigt **steuerbare Leistungen**.	

Zusammenfassende Erfolgskontrolle zum 1. bis 2. Kapitel

Tz.	**Umsatzart** nach § 1 i. V. m. § 3 UStG	**nicht steuerbare** Umsätze im Inland €	**steuerbare** Umsätze im Inland €
1.	**Lieferung** (§ 1 Abs. 1 **Nr. 1** i. V. m. § 3 Abs. 1 UStG, Abschn. 3.1 Abs. 3 Satz 4 UStAE)		400,00
2.	**sonstige Leistung** (§ 1 Abs. 1 **Nr. 1** i. V. m. § 3 Abs. 9 UStG)		8,00
3.	**Lieferung** (Hilfsgeschäft) (§ 1 Abs. 1 **Nr. 1** i. V. m. § 3 Abs. 1 UStG, Abschn. 2.7 Abs. 2 Satz 1 - 3 UStAE)		5.000,00
4.	**sonstige Leistungen** (§ 1 Abs. 1 **Nr. 1** i. V. m. § 3 Abs. 9 UStG)		15.000,00
5.	**noch keine Lieferung** Eine Lieferung von U an die Bank liegt erst bei **Verwertung** des Sicherungsgutes durch die Bank vor, d. h., wenn U seiner Darlehensverpflichtung nicht mehr nachkommt (Abschn. 1.2 Abs. 1 UStAE und Abschn. 3.1 Abs. 3 Satz 1 UStAE).	—	—
6.	**sonstige Leistung** (§ 1 Abs. 1 **Nr. 1** i. V. m. § 3 Abs. 9 UStG) (Restaurationsumsatz)		10,00
7.	**Lieferungen** (§ 1 Abs. 1 Nr. 1 i. V. m. § 3 Abs. 1 UStG) (siehe auch § 3g UStG)		1.416,11
8.	**Lieferung** (§ 1 Abs. 1 **Nr. 1** i. V. m. § 3 Abs. 9 UStG) (Restaurationsumsätze)		8.000,00
9.	**kein steuerbarer Umsatz** (kein Leistungsaustausch, Innenumsatz Abschn. 2.7 Abs. 1 Satz 3 UStAE)	370,00	—

3 Steuerbare unentgeltliche Leistungen

FALL 1

Tz.	Steuerbarkeit der erbrachten Leistung
1.	Es liegt eine **steuerbare unentgeltliche Gegenstandsentnahme** vor (§ 1 Abs. 1 Nr. 1 i. V. m. § 3 Abs. 1b Satz 1 Nr. 1 + Satz 2 UStG).
2.	Es liegt **keine** steuerbare unentgeltliche Gegenstandsentnahme vor, da der Pkw von einer Privatperson ohne Vorsteuerabzugsmöglichkeit erworben wurde (§ 3 Abs. 1b Satz 2 UStG und Abschn. 3.3 Abs. 2 Satz 1 UStAE).
3.	Es liegt **keine** steuerbare unentgeltliche Sachzuwendung an das Personal vor. Es handelt sich um eine **Aufmerksamkeit** (Wert unter 60 € brutto/§ 3 Abs. 1b Satz 1 Nr. 2 UStG i. V. m. Abschn. 1.8 Abs. 2 Satz 7 + Abs. 3 UStAE).
4.	Es liegt eine **steuerbare andere unentgeltliche Zuwendung** für Zwecke des eigenen Unternehmens (Imagepflege) vor (§ 1 Abs. 1 Nr. 1 i. V. m. § 3 Abs. 1b Satz 1 Nr. 3 + Satz 2 UStG und Abschn. 3.3 Abs. 10 Satz 8 UStAE).
5.	Es liegt eine **steuerbare unentgeltliche Sachzuwendung** an das Personal vor (Wert über 60 € brutto / § 1 Abs. 1 Nr. 1 i. V. m. § 3 Abs. 1b Satz 1 Nr. 2 + Satz 2 UStG und Abschn. 1.8 Abs. 3 UStAE). [Hinweis: Das Vorsteuerabzugsverbot des Abschn. 15.15 Abs. 1 UStAE greift hier nicht, da die unentgeltlich überlassenen Gegenstände dem Warensortiment entnommen wurden und bei ihrer Anschaffung keine Zuwendungsabsicht bestand.]
6.	Es liegt eine **andere unentgeltliche Zuwendung** für Zwecke des eigenen Unternehmens vor (Geschenk an einen „Geschäftsfreund" über 50 € netto/Abschn. 3.3 Abs. 12 UStAE). Nach Abschn. 15.6 Abs. 5 UStAE ist jedoch im Zeitpunkt der Hingabe des Geschenks der ursprüngliche Vorsteuerabzug zu korrigieren (§ 17 Abs. 2 Nr. 5 i. V. m. § 15 Abs. 1a UStG). Die unentgeltliche Zuwendung ist aufgrund des fehlenden Vorsteuerabzugs **nicht steuerbar** (vgl. § 3 Abs. 1b Satz 2 UStG).
7.	Es liegt **keine** steuerbare andere unentgeltliche Zuwendung vor. Es handelt sich um die unentgeltliche Überlassung eines **Warenmusters** aus unternehmerischen Gründen (§ 3 Abs. 1b Satz 1 Nr. 3 UStG/die 50-Euro-Grenze gilt hier nicht, vgl. Abschn. 3.3 Abs. 13 UStAE).
8.	Es liegt **grundsätzlich keine** steuerbare unentgeltliche Gegenstandsentnahme vor, da der PC von einer Privatperson ohne Vorsteuerabzugsmöglichkeit erworben wird (§ 3 Abs. 1b Satz 2 UStG und Abschn. 3.3 Abs. 2 Satz 1 UStAE). **Aber** der Einbau eines vorsteuerbehafteten **Bestandteils** im Wert von 25 % der Anschaffungskosten (Bagatellgrenze: max. 1.000 € und max. 20 %) bewirkt eine **steuerbare** unentgeltliche Gegenstandsentnahme des eingebauten Bestandteils (Abschn. 3.3 Abs. 4 Satz 1 UStAE).
9.	Es liegt **keine** steuerbare unentgeltliche Zuwendung (§ 3 Abs. 1b Satz 1 Nr. 2 UStG) vor, da das **Vorsteuerabzugsverbot** des **Abschn. 15.15 Abs. 1 UStAE** greift. Die unentgeltliche Zuwendung ist aufgrund des fehlenden Vorsteuerabzugs **nicht steuerbar** (vgl. § 3 Abs. 1b Satz 2 UStG).

FALL 2

Tz.	Steuerbarkeit der erbrachten Leistung
1.	Es liegt eine steuerbare **unentgeltliche** Nutzung eines betrieblichen Gegenstandes für private Zwecke vor (§ 1 Abs. 1 Nr. 1 i. V. m. § 3 Abs. 9a Nr. 1 UStG).
2.	Es liegt eine steuerbare **entgeltliche** Nutzung eines betrieblichen Gegenstandes durch einen Mitarbeiter für private Zwecke vor (tauschähnlicher Umsatz/§ 1 Abs. 1 Nr. 1 i. V. m. § 3 Abs. 12 Satz 2 UStG/Abschn. 1.8 Abs. 1 UStAE).
3.	Es liegt eine steuerbare **unentgeltliche** Nutzung eines betrieblichen Gegenstandes für private Zwecke vor (§ 1 Abs. 1 Nr. 1 i. V. m. § 3 Abs. 9a Nr. 1 UStG/Abschn. 3.4 Abs. 2 UStAE).
4.	Die private Nutzung der betrieblichen **Telefonanlage** stellt eine steuerbare **unentgeltliche** Nutzungsentnahme dar. Die Bemessungsgrundlage beträgt jedoch nur 20 % der anteiligen auf 5 Jahre verteilten Anschaffungskosten (Abschn. 3.4 Abs. 4 UStAE/§ 10 Abs. 4 Satz 1 Nr. 2 i. V. m. § 15a UStG). Der private Nutzungsanteil der **laufenden Gesprächskosten** stellt hingegen **keine** steuerbare **unentgeltliche** Nutzungsentnahme dar. Schröder muss die in der Telefonrechnung ausgewiesene Vorsteuer in einen abziehbaren Teil (80 %) und einen nicht abziehbaren Teil (20 %) aufteilen (**Aufteilungsgebot**). Aufgrund der Vorsteuerkürzung entfällt insoweit die Besteuerung.
5.	Die private Nutzung des 2. Obergeschosses stellt **keine** steuerbare **unentgeltliche** Wertabgabe gem. § 1 Abs. 1 Nr. 1 i. V. m. § 3 Abs. 9a Nr. 1 UStG dar, weil Herr Schröder die Vorsteuer nur für den unternehmerisch genutzten Anteil abgezogen hat (§ 15 **Abs. 1b** UStG). Die Reinigung der Wohnung durch eine Mitarbeiterin der Buchhandlung während ihrer regulären Arbeitszeit stellt eine steuerbare **unentgeltliche** Wertabgabe gem. § 1 Abs. 1 Nr. 1 i. V. m. § 3 Abs. 9a Nr. 2 UStG und Abschn. 3.4 Abs. 5 UStAE dar.
6.	Es liegt eine steuerbare **unentgeltliche** sonstige Leistung vor (§ 1 Abs. 1 Nr. 1 i. V. m. § 3 Abs. 9a Nr. 2 UStG und Abschn. 3.4 Abs. 5 UStAE).
7.	Die **private** Nutzung des Dachgeschosses eines dem Unternehmensvermögen zugeordneten Gebäudeteils ist **keine steuerbare unentgeltliche Wertabgabe** (sonstige Leistung) mehr (§ 3 Abs. 9a Nr. 1 UStG), da Herr Dr. Paul die Vorsteuer nur für den **unternehmerisch** genutzten Anteil abgezogen hat (§ 15 **Abs. 1b** UStG). Dr. Paul kann für den Monat März 2026 Vorsteuerbeträge in Höhe von 128.250 € (19 % von 900.000 € = 171.000 €, davon 75 %) in Abzug bringen. Eine Zuordnung zum Unternehmensvermögen ist zulässig, weil er das Gebäude zu mehr als 10 % für betriebliche Zwecke nutzt (§ 15 Abs. 1 Satz 2 UStG). Im vorliegenden Fall wird das Gebäude zu 75 % (330 qm x 100 : 440 qm) für unternehmerische Zwecke und zu 25 % (110 qm x 100 : 440 qm) für private Zwecke genutzt. Die nicht abziehbare Vorsteuer auf den privat genutzten Teil beträgt 42.750 € (25 % von 171.000 €).

Zusammenfassende Erfolgskontrolle zum 1. bis 3. Kapitel

Tz.	**Umsatzart** nach § 1 i. V. m. § 3 UStG	**nicht steuerbare** Umsätze im Inland €	**steuerbare** Umsätze im Inland €
1.	unentgeltliche Lieferung (§ 1 Abs. 1 **Nr. 1** i. V. m. § 3 Abs. 1b Satz 1 **Nr. 1** UStG)		800
2.	unentgeltliche sonstige Leistung (§ 1 Abs. 1 **Nr. 1** i. V. m. § 3 Abs. 9a **Nr. 1** UStG)		300
3.	Vermietung ist beim Leistungsempfänger in der Schweiz steuerbar (§ 3a Abs. 2 UStG)	1.500	
4.	sonst. Leistung (Werkleistung) (§ 1 Abs. 1 **Nr. 1** i. V. m. § 3 Abs . 9 UStG) (vgl. auch Abschn. 3.8 Abs. 6 Satz 6 UStAE)		300
5.	Lieferung (Werklieferung) (§ 1 Abs. 1 **Nr. 1** i. V. m. § 3 Abs. 4 UStG)		100.000
6.	Lieferung (Verkaufskommission) (§ 1 Abs. 1 **Nr. 1** i. V. m. § 3 Abs. 3 UStG)		225
7.	unentgeltliche sonstige Leistung (§ 1 Abs. 1 **Nr. 1** i. V. m. § 3 Abs. 9a **Nr. 1** UStG)		600
8.	Lieferung (§ 3 Abs. 1 UStG) (Inland fehlt)	500	—
9.	sonst. Leistung (§ 3 Abs. 9 UStG) (Entgelt fehlt)	200	—
10.	Lieferung (Hilfsgeschäft) (§ 1 Abs. 1 **Nr. 1** i. V. m. § 3 Abs. 1 UStG)		5.000
11.	sonst. Leistung (Vermittlungsleistungen) (§ 1 Abs. 1 **Nr. 1** i. V. m. § 3 Abs. 9 UStG)		5.000
12.	Lieferung (Lieferverkaufskommission) (§ 1 Abs. 1 **Nr. 1** i. V. m. § 3 Abs. 1 und 3 UStG)		400
13.	Lieferung (§ 3 Abs. 1 UStG) (Entgelt fehlt; Aufmerksamkeit, da unter 60 Euro)	15	—

4 Steuerbare Einfuhr

zu 1.

- Herr Rifaat tätigt mit der Überführung in den freien Verkehr eine **steuerbare Einfuhr** (§ 1 Abs. 1 Nr. 4 UStG),
  [Hinweis: Ein eventueller Transit durch andere Staaten, z. B. Frankreich, ist für die Einfuhrbeurteilung irrelevant. Maßgeblich ist die Anmeldung zum freien Verkehr in Deutschland.]
- **Bemessungsgrundlage** ist der Zollwert der Ware (§ 11 UStG):

vereinbartes Entgelt	20.000 €
+ inländischer Zoll	400 €
= Bemessungsgrundlage (Zollwert)	20.400 €

- Herr Rifaat zahlt **Einfuhrumsatzsteuer** in Höhe von 3.876 € (19 % von 20.400 €).
- Herr Rifaat erhält einen **Vorsteuerabzug** in Höhe von 3.876 € (§ 15 Abs. 1 Nr. 2 UStG).
  [Hinweis: Herr Rifaat muss, wenn er den Vorsteuerabzug begehrt, im Einfuhrbeleg als Importeur ausgewiesen werden. Außerdem benötigt er den von der Zollbehörde ausgestellten zollamtlichen Beleg.]

zu 2.

Bei einer Verbringung von Drittlandsware in ein deutsches Zolllager liegt **keine** steuerbare Einfuhr vor. Die Ware befindet sich in einem zollrechtlichen Nichterhebungsverfahren. Der Tatbestand der steuerbaren Einfuhr ist erst im Zeitpunkt der Anmeldung zum freien Verkehr erfüllt (Abschn. 15.8 Abs. 2 Satz 1 UStAE).

zu 3.

- Zeidler tätigt mit der Überführung in den freien Verkehr eine **steuerbare Einfuhr** (§ 1 Abs. 1 Nr. 4 UStG).
- Zeidler kann die entstandene **Einfuhrumsatzsteuer** als **Vorsteuer** in Abzug bringen (§ 15 Abs. 1 Nr. 2 UStG).
- Die Einlagerung des Tees in das Zolllager stellt für Singh **keinen** steuerbaren Tatbestand dar.
- Die Teelieferung des Singh an Hansen stellt eine **steuerbare entgeltliche Inlandslieferung** dar (§ 1 Abs. 1 Nr. 1 UStG i. V. m. § 3 Abs. 7 Satz 1 UStG - ruhende Lieferung: Ware wird nicht bewegt. Die Übereignung erfolgt durch Übergabe des Eigentümerpapiers). Die Teelieferung ist jedoch steuerfrei, da sie der steuerbaren Einfuhr vorausging (§ 4 Nr. 4b UStG).
- Die Teelieferung des Hansen an Zeidler stellt eine **steuerbare entgeltliche Inlandslieferung** dar (§ 1 Abs. 1 Nr. 1 UStG i. V. m. § 3 Abs. 7 Satz 1 UStG - ruhende Lieferung). Die Teelieferung ist jedoch steuerfrei, da sie der steuerbaren Einfuhr vorausging (§ 4 Nr. 4b UStG).

zu 4.

- Frau Lorenz tätigt eine steuerbare Einfuhr (§ 1 Abs. 1 Nr. 4 UStG),
- Bemessungsgrundlage ist der Zollwert der Ware (§ 11 UStG):

vereinbartes Entgelt	9.000 €
+ inländischer Zoll	180 €
= Bemessungsgrundlage (Zollwert)	9.180 €

- Frau Lorenz zahlt Einfuhrumsatzsteuer in Höhe von 1.744,20 € (19 % von 9.180 €),
- Frau Lorenz kann als Privatperson die Vorsteuer nicht abziehen.

zu 5.

Wirth tätigt eine im Inland **steuerbare**, jedoch **steuerfreie Ausfuhrlieferung** (§ 1 Abs. 1 Nr. 1 i. V. m. § 6 Abs. 1 und § 4 Nr. 1a UStG).

Zusammenfassende Erfolgskontrolle zum 1. bis 4. Kapitel

Tz.	**Umsatzart** nach § 1 i. V. m. § 3 UStG	**nicht steuerbare** Umsätze im Inland €	**steuerbare** Umsätze im Inland €
1.	Lieferung (§ 1 Abs. 1 **Nr. 1** i. V. m. § 3 Abs. 1 UStG)		10
2.	sonstige Leistung (§ 1 Abs. 1 **Nr. 1** i. V. m. § 3 Abs. 9 UStG)		2.000
3.	Einfuhr (§ 1 Abs. 1 Nr. 4 UStG)		5.000
4.	sonstige Leistung (§ 1 Abs. 1 **Nr. 1** i. V. m. § 3 Abs. 9 UStG)		6.000
5.	Lieferung (Hilfsgeschäft) (§ 1 Abs. 1 **Nr. 1** i. V. m. § 3 Abs. 1 UStG)		10.000
6.	sonstige Leistung (§ 1 Abs. 1 **Nr. 1** i. V. m. § 3 Abs. 9 UStG)		20.000
7.	unentg. Lieferung (§ 1 Abs. 1 **Nr. 1** i. V. m. § 3 Abs. 1b Satz 1 **Nr. 1** UStG)		100
8.	sonstige Leistung (§ 3 Abs. 9 UStG) (kein Leistungsaustausch)	30.000	–
9.	sonstige Leistung (§ 1 Abs. 1 **Nr. 1** i. V. m. § 3 Abs. 9 UStG)		10.000
10.	unentg. Lieferung (§ 1 Abs. 1 **Nr. 1** i. V. m. § 3 Abs. 1b Satz 1 **Nr. 1** UStG)		400
11.	Innenumsatz (kein Leistungsaustausch)	30	–
12.	Lieferung (§ 3 Abs. 1 UStG) (kein Gegenstand des Unternehmens)	10.000	–
13.	tauschähnlicher Umsatz (§ 1 Abs. 1 **Nr. 1** i. V. m. § 3 Abs. 12 UStG)		500
14.	Einfuhr (§ 1 Abs.1 **Nr. 4** UStG)		5.000
15.	kein Umsatz (Abschn. 3.4 Abs. 4 UStAE)	80	–

5 Steuerbarer innergemeinschaftlicher Erwerb

FALL 1

Ja, weil alle Voraussetzungen des § 1 Abs. 1 **Nr. 5** i. V. m. § 1a Abs. 1 UStG erfüllt sind.

FALL 2

Nein, weil die Ware **nicht** aus dem **übrigen Gemeinschaftsgebiet** in das **Inland** gelangt (reine Durchfuhr, keine Abfertigung zum freien Verkehr in Dänemark).
Es handelt sich um eine steuerbare **Einfuhr** aus Norwegen (§ 1 Abs. 1 **Nr. 4** UStG).

FALL 3

Ja, weil alle Voraussetzungen des § 1 Abs. 1 **Nr. 5** i. V. m. § 1a Abs. 1 UStG erfüllt sind. In **Dänemark** findet zunächst eine steuerbare **Einfuhr** aus Norwegen statt. Anschließend kommt es zu einer steuerbaren, jedoch steuerfreien **innergemeinschaftliche Lieferung** von Dänemark nach Deutschland. Die Drittlandsware wird durch die Abfertigung zum freien Verkehr in Dänemark zu einer „dänischen EU-Ware".
Damit gelangt die Ware aus umsatzsteuerlicher Sicht aus dem **übrigen Gemeinschaftgebiet** in das **Inland**.

FALL 4

Der **Transport der verkauften Blumen** stellt ein **steuerbares innergemeinschaftliches Verbringen** i. S. d. § 1 Abs. 1 Nr. 5 i. V. m. § 1a Abs. 2 Satz 1 UStG dar.
Der anschließende **Verkauf der Blumen auf dem Wochenmarkt** ist eine „normale" **steuerbare Lieferung** im Inland (§ 1 Abs. 1 Nr. 1 i. V. m. § 3 Abs. 1 UStG).
Die **nicht verkauften Blumen** werden umsatzsteuerlich nicht erfasst. Es liegt insoweit **kein innergemeinschaftliches Verbringen** vor, da die Blumen nur vorübergehend nach Deutschland verbracht wurden. Vgl. Abschn. 1a.2 Abs. 6 Satz 4 inkl. Beispiel UStAE.

FALL 5

Ja, es liegt ein **steuerbares innergemeinschaftliches Verbringen** i. S. d. § 1 Abs. 1 Nr. 5 i. V. m. § 1a Abs. 2 Satz 1 UStG vor, weil die Metalle in Deutschland **verarbeitet** werden (Abschn. 1a.2 Abs. 5 Satz 2 UStAE).

FALL 6

Ja, es liegt ein **steuerbares innergemeinschaftliches Verbringen** i. S. d. § 1 Abs. 1 Nr. 5 i. V. m. § 1a Abs. 2 Satz 1 UStG vor, weil die Möbel in Deutschland **zum Weiterverkauf bestimmt** sind (Abschn. 1a.2 Abs. 6 Satz 2 UStAE).

FALL 7

Nein, weil es sich nur um eine **vorübergehende Verwendung** handelt (Abschn. 1a.2 Abs. 10 Nr. 1 UStAE).

FALL 8

Nein, weil der Arzt als Halbunternehmer im **vorangegangenen** Kalenderjahr 2025 die Erwerbsschwelle von 12.500 € nicht überschritten hat und im **laufenden** Kalenderjahr 2026 voraussichtlich nicht überschreiten wird (§ 1a Abs. 3 Nr. 2).
Dr Arzt kann bzw. sollte für die Erwerbsbesteuerung optieren (§ 1a Abs. 4).

FALL 9

Nein, weil die Schule als Halbunternehmer im **laufenden** Kalenderjahr 2026 die Erwerbsschwelle voraussichtlich nicht überschreitet (§ 1a Abs. 3 Nr. 2).

Es kann bzw. sollte für die Erwerbsbesteuerung optiert werden (§ 1a Abs. 4).

FALL 10

Nein, weil der Arzt als Halbunternehmer **zu Beginn** des Kalenderjahrs davon ausgegangen ist, dass er die Erwerbsschwelle nicht übersteigen wird (§ 1a Abs. 3 Nr. 2 UStG und Abschn. 1a.1 Abs. 2 Satz 5 UStAE).

Er kann für die Erwerbsbesteuerung optieren (§ 1a Abs. 4). Eine Option wäre jedoch i. d. R. nicht sinnvoll.

Kauft der Arzt im Jahr **2027** Gegenstände aus einem EU-Mitgliedstaat ein, liegt ein steuerbarer innergemeinschaftlicher Erwerb vor, weil die Erwerbsschwelle des Vorjahres (2026) mit einem Einkaufsvolumen von 15.000 € überschritten worden ist.

FALL 11

1. **Ja**, weil alle Tatbestandsmerkmale des § 1 Abs. 1 **Nr. 5** i. V. m. § **1a** Abs. 1, 3 und 4 UStG erfüllt sind. Durch die Verwendung seiner deutschen USt-IdNr. signalisiert Dr. Fabel seinem Lieferer, dass er auf die Anwendung des § 1a Abs. 3 UStG verzichtet.
2. Die Lieferung ist durch die **Option** in Dänemark **steuerfrei**, also **nicht** mit 25 % zu versteuern (siehe **Anhang 1** des Lehrbuchs).
   In Deutschland liegt ein steuerbarer (und steuerpflichtiger) innergemeinschaftlicher Erwerb vor, der mit 19 % zu versteuern ist.
   Der Vorsteuerabzug ist jedoch nicht möglich (§ 15 Abs. 2 Satz 1 Nr. 1 UStG), d. h., die gezahlte Erwerbsteuer erhöht für Dr. Fabel die Anschaffungskosten des Gerätes.
   Dr. Fabel spart durch die Option **600 €** Erwerbsteuer[6 % (25 % - 19 %) von 10.000 €].

FALL 12

Ja, weil alle Tatbestandsmerkmale des § 1 Abs. 1 **Nr. 5** i. V. m. § **1b** UStG erfüllt sind.

FALL 13

Nein, weil nicht alle Tatbestandsmerkmale des § **1b** UStG erfüllt sind. Es handelt sich bei dem Gebrauchtwagen **nicht** mehr um ein **Neufahrzeug** i. S. d. § 1b Abs. 3 UStG. Es gilt das **Ursprungslandprinzip**, d. h., der Umsatz wird in **Dänemark** mit 25 % besteuert.

FALL 14

Ja, weil alle Tatbestandsmerkmale des § 1 Abs. 1 **Nr. 5** i. V. m. § **1a Abs. 1** UStG erfüllt sind. **§ 1b UStG ist nicht anwendbar**, da es sich bei dem Erwerber um einen Erwerber i. S. d. § 1a Abs. 1 Nr. 2 UStG handelt (der Erwerber ist ein Unternehmer!).

FALL 15

1. **Ja**, weil alle Voraussetzungen des § 25b Abs. 1 UStG erfüllt sind.
2. **U2** bewirkt einen innergemeinschaftlichen Erwerb in dem Land, in dem der Transport tatsächlich endet, also in Frankreich (§ 3d Satz 1 UStG).

Zusammenfassende Erfolgskontrolle zum 1. bis 5. Kapitel

Tz.	**Umsatzart** nach § 1 i. V. m. § 3 UStG	**nicht steuerbare** Umsätze im Inland €	**steuerbare** Umsätze im Inland €
1.	Lieferung (§ 3 Abs. 1 UStG) (nicht im Rahmen des Unternehmens)	50	—
2.	unentg. Lieferung (§ 1 Abs. 1 **Nr. 1** i. V. m. § 3 **Abs. 1b** Satz 1 **Nr. 1** UStG)		300
3.	kein Umsatz (kein Leistungsaustausch) (Abschn. 1.4 Abs. 1 UStAE)	20.000	—
4.	sonstige Leistung (§ 1 Abs. 1 **Nr. 1** i. V. m. § 3 Abs. 9 UStG) (Restaurationsumsätze)		10.000
5.	sonstige Leistung (§ 1 Abs. 1 **Nr. 1** i. V. m. § 3 Abs. 9 UStG) (238 € : 1,19)		200
6.	innergemeinschaftlicher Erwerb (§ 1 Abs. 1 Nr. 5 i. V. m. § 1a Abs. 1)		20.000
7.	nicht steuerbar (Abschn. 3.3 Abs. 13 Satz 6 UStAE)	200	—
8.	Innenumsatz (kein Leistungsaustausch)	30	—
9.	innergemeinschaftlicher Erwerb (§ 1 Abs. 1 **Nr. 5** i. V. m. § 1a Abs. 1 UStG)		5.000
10.	kein Umsatz (kein Leistungsaustausch)	80	—
11.	EG: **keine** unentg. sonstige Leistung (§ 1 Abs. 1 **Nr. 1** i. V. m. § 3 **Abs. 9a** Nr. 1 UStG, da kein Vorsteuerabzug vgl. § 15 Abs. 1b UStG)	1.500	—
	1. OG: sonstige Leistung (§ 1 Abs. 1 **Nr. 1** i. V. m. § 3 Abs. 9 UStG) (steuerfrei nach § 4 Nr. 12a UStG)		3.000
12.	Einfuhr (§ 1 Abs. 1 **Nr. 4** UStG)		2.000

6 Ort des Umsatzes

FALL 1

zu 1.
Es handelt sich um eine **Beförderungslieferung**, weil der Lieferer die Ware selbst fortbewegt (Lieferung **mit** Warenbewegung).
Ort der Lieferung ist **Hannover**, weil dort die Beförderung beginnt (§ 3 Abs. 6 Satz 1 UStG).
Der Umsatz ist im Inland **steuerbar**, weil alle Voraussetzungen des § 1 Abs. 1 **Nr. 1** i. V. m. § 3 Abs. 1 und § 3 Abs. 6 Satz 1 UStG erfüllt sind.

zu 2.
Es handelt sich um eine **Versendungslieferung**, weil der Lieferer die Waren durch einen selbständigen Beauftragten (die Bahn) befördern lässt (Lieferung **mit** Warenbewegung).
Ort der Lieferung ist **Saarbrücken**, weil dort die Versendung beginnt (§ 3 Abs. 6 Satz 1 UStG).
Der Umsatz ist im Inland **steuerbar**, weil alle Voraussetzungen des § 1 Abs. 1 **Nr. 1** i. V. m. § 3 Abs. 1 und § 3 Abs. 6 Satz 1 UStG erfüllt sind.

zu 3.
Es handelt sich um eine **Beförderungslieferung**, weil der Abnehmer die Ware fortbewegt (Lieferung **mit** Warenbewegung; sog. **Abholfall**).
Ort der Lieferung ist **Hamburg**, weil dort die Beförderung beginnt (§ 3 Abs. 6 Satz 1 UStG).
Der Umsatz ist im Inland **steuerbar**, weil alle Voraussetzungen des § 1 Abs. 1 **Nr. 1** i. V. m. § 3 Abs. 1 und § 3 Abs. 6 Satz 1 UStG erfüllt sind.

zu 4.
Es handelt sich um eine **Beförderungslieferung** (sog. Abholfall).
Ort der Lieferung ist **München**, weil dort die Beförderung beginnt (§ 3 Abs. 6 Satz 1 UStG).
Ort der Lieferung wäre bei einer Versendungslieferung ebenfalls **München**, weil dort die Versendung beginnt (§ 3 Abs. 6 Satz 1 UStG).
Der Umsatz ist im Inland **steuerbar**, weil alle Voraussetzungen des § 1 Abs. 1 **Nr. 1** i. V. m. § 3 Abs. 1 und § 3 Abs. 6 Satz 1 UStG erfüllt sind.

zu 5.
Es handelt sich um eine **Beförderungslieferung**, weil die Ware durch einen Fahrer des Lieferers fortbewegt wird.
Ort der Lieferung ist **Dresden**, weil dort die Beförderung beginnt (§ 3 Abs. 6 Satz 1 UStG).
Der Umsatz ist im Inland **steuerbar**, weil alle Voraussetzungen des § 1 Abs. 1 **Nr. 1** i. V. m. § 3 Abs. 1 und § 3 Abs. 6 Satz 1 UStG erfüllt sind.

zu 6.
Es handelt sich um eine **Versendungslieferung**.
Ort der Lieferung ist **Zürich** (Schweiz), weil die Waren in Zürich dem selbständigen Beauftragten (der Bahn) übergeben werden (§ 3 **Abs. 6** Satz 1 UStG).
Der Umsatz ist im Inland **nicht steuerbar**, weil **nicht** alle Voraussetzungen des § 1 Abs. 1 Nr. 1 UStG erfüllt sind (Merkmal Inland fehlt).

zu 7.
Es handelt sich um eine **Beförderungslieferung** (sog. Abholfall).
Ort der Lieferung ist **Trier** (§ 3 **Abs. 6** Satz 1 UStG).
Der Umsatz ist im Inland **steuerbar**, weil alle Tatbestandsmerkmale des § 1 Abs. 1 Nr. 1 i. V. m. § 3 Abs. 1 und § 3 Abs. 6 Satz 1 UStG erfüllt sind.

zu 8.
Es handelt sich um eine **Versendungslieferung**.
Ort der Lieferung ist **Ludwigshafen** (§ 3 **Abs. 6** Satz 1 UStG).
Der Umsatz ist im Inland **steuerbar**, weil alle Tatbestandsmerkmale des § 1 Abs. 1 Nr. 1 i. V. m. § 3 Abs. 1 und § 3 Abs. 6 Satz 1 UStG erfüllt sind.

zu 9.
Es handelt sich um eine **Versendungslieferung**.
Ort der Lieferung ist **Hamburg** (§ 3 **Abs. 6** Satz 1 UStG).
Der Umsatz ist im Inland **steuerbar**, weil alle Tatbestandsmerkmale des § 1 Abs. 1 Nr. 1 i. V. m. § 3 Abs. 1 und § 3 Abs. 6 Satz 1 UStG erfüllt sind.

zu 10.
Es handelt sich um eine **Beförderungslieferung**.
Ort der Lieferung ist **Köln** (§ 3 **Abs. 6** Satz 1 UStG).
Der Umsatz ist im Inland **steuerbar**, weil alle Tatbestandsmerkmale des § 1 Abs. 1 Nr. 1 i. V. m. § 3 Abs. 1 und § 3 Abs. 6 Satz 1 UStG erfüllt sind.

zu 11.
Es handelt sich um eine **Beförderungslieferung**.
Ort der Lieferung ist **München** (§ 3 **Abs. 6** Satz 1 UStG).
Der Umsatz ist im Inland **steuerbar**, weil alle Tatbestandsmerkmale des § 1 Abs. 1 Nr. 1 i. V. m. § 3 Abs. 1 und § 3 Abs. 6 Satz 1 UStG erfüllt sind.

FALL 2

1. Es liegt ein Sonderfall des § 3 **Abs. 8** UStG vor. Die Waren gelangen „verzollt und versteuert" vom Drittland ins Inland. Der **Leistungsort** liegt im **Inland** (**Stuttgart**).
2. Die **Einfuhr des M** ist gem. § 1 Abs. 1 **Nr. 4** UStG **im Inland steuerbar**. M ist Schuldner der Einfuhrumsatzsteuer, kann jedoch den Vorsteuerabzug gem. § 15 Abs. 1 Nr. 2 UStG in Anspruch nehmen.
3. Die **Lieferung an A** ist gem. § 1 Abs. 1 **Nr. 1** UStG **im Inland steuerbar**.

FALL 3

1. **Nein**, weil **nicht** alle Voraussetzungen des § 3 **Abs. 8** UStG erfüllt sind.
2. **Bern** (Schweiz) gem. § 3 Abs. 6 Satz 1 UStG
3. **Nein**, Merkmal Inland fehlt.
4. **Ja**, und zwar für A als **Einfuhr** (§ 1 Abs. 1 **Nr. 4** UStG).

FALL 4

1. S erbringt durch die Lieferung und den **Einbau** der Fenster eine Werk**lieferung** (§ 3 Abs. 4 UStG).
2. Ort der Lieferung (Werklieferung) ist **Baden-Baden**, weil sich dort das Geschäftshaus im Zeitpunkt der Verschaffung der Verfügungsmacht befindet (§ 3 Abs. 7 Satz 1).
3. **Ja**, weil alle Voraussetzungen des § 1 Abs. 1 Nr. 1 i. V. m. § 3 Abs. 4 erfüllt sind. Die USt für die Werklieferung schuldet B als Leistungsempfänger (§ 13b Abs. 2 Satz 1).

FALL 5

1. Es liegt ein Reihengeschäft im Sinne des § 3 Abs. 6a UStG vor. Die Warenbewegung ist der Lieferung zwischen **C und B** zuzuordnen (Lieferung **mit** Warenbewegung), weil C die Ware bewegt (**Beförderungslieferung**, § 3 Abs. 6a Satz 2).
2. Ort der Lieferung ist **Berlin**, weil dort die Beförderung **beginnt** (§ 3 Abs. 6 Satz 1 UStG).
3. Zwischen **B und A** liegt eine Lieferung **ohne** Warenbewegung vor, weil die Ware zwischen ihnen nicht bewegt wird.
4. Ort der ruhenden Lieferung ist **Düsseldorf**, weil dort die Beförderung **endet** (§ 3 **Abs. 7** Satz 2 **Nr. 2** UStG).

FALL 6

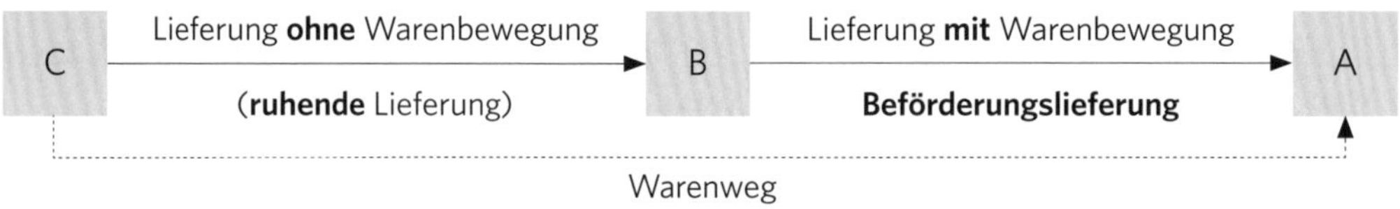

1. Es liegt ein Reihengeschäft im Sinne des § 3 Abs. 6a UStG vor. Die Warenbewegung ist der Lieferung zwischen **B und A** zuzuordnen (Lieferung **mit** Warenbewegung), weil A die Ware bewegt (**Beförderungslieferung** § 3 Abs. 6a Satz 3).
2. Ort der Lieferung ist **Berlin**, weil dort die Beförderung **beginnt** (§ 3 Abs. 6 Satz 1 UStG).
3. Zwischen **C und B** liegt eine Lieferung **ohne** Warenbewegung vor, weil die Ware zwischen ihnen nicht bewegt wird.
4. Ort der ruhenden Lieferung ist **Berlin**, weil dort die Beförderung **beginnt** (§ 3 **Abs. 7** Satz 2 **Nr. 1** UStG).

FALL 7

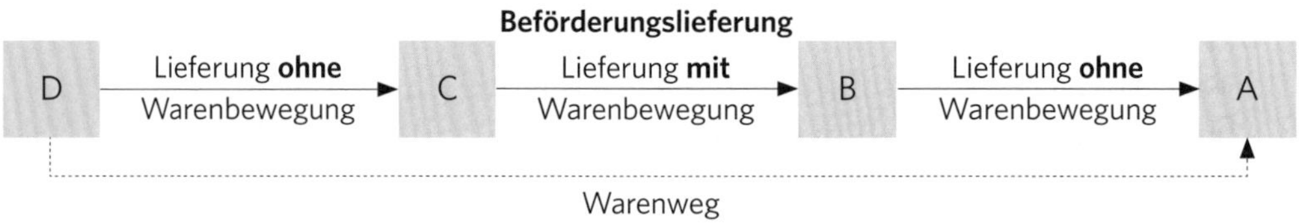

1. Es liegt ein Reihengeschäft im Sinne des § 3 Abs. 6a UStG vor. Die Warenbewegung ist der Lieferung zwischen **C und B** zuzuordnen (Lieferung **mit** Warenbewegung), weil B sowohl Abnehmer in der Lieferbeziehung C-B als auch Lieferer in der Beziehung B-A ist (**Zwischenhändler**, § 3 Abs. 6a **Satz 4** UStG).
2. Ort der Lieferung ist **Berlin**, weil dort die Beförderung **beginnt** (§ 3 Abs. 6 Satz 1 UStG).
3. Zwischen **D und C** und **B und A** liegen Lieferungen **ohne** Warenbewegung vor.
4. Ort der ruhenden Lieferung zwischen D und C ist **Berlin** und zwischen B und A **Düsseldorf** (§ 3 **Abs. 7** Satz 2 **Nr. 1** und **Nr. 2** UStG).

FALL 8

1. **Ja**, weil alle Voraussetzungen des § 25b Abs. 1 UStG erfüllt sind.
2. Ort der i.g. Lieferung ist **Köln**, weil dort die Versendung beginnt (§ 3 Abs. 6a i.V.m. § 3 Abs. 6 **Satz 1** UStG). Ort des i.g.E. ist Paris (§ 3d UStG).
3. **Ja**, weil alle Voraussetzungen des § 1 Abs. 1 Nr. 1 i.V.m. § 3 Abs. 6 Satz 1 UStG erfüllt sind. Die Lieferung ist jedoch nach § 4 Nr. 1b UStG (§ 6a UStG) **steuerfrei**.
4. Ort der Lieferung ist **Paris**, weil dort die Versendung **endet** (§ 3 **Abs. 7** Satz 2 **Nr. 2** UStG).
5. Steuerschuldner ist **A**. Er hat seine aus der Lieferung des U 2 anfallende USt selbst zu berechnen und in seiner Umsatzsteuer-Voranmeldung in Frankreich anzugeben. A ist berechtigt, die geschuldete USt als **Vorsteuer** abzuziehen. Der innergemeinschaftliche Erwerb des U 2 in Frankreich gilt als besteuert.

FALL 9

zu 1.

Ort der Lieferung ist **Straßburg**, weil dort das **Ende** der Versendung liegt (§ 3c Abs. 1 UStG). Die Lieferung ist für U im Inland **nicht steuerbar**, weil die Voraussetzungen des § 1 Abs. 1 **Nr. 1** UStG nicht erfüllt sind (Merkmal Inland fehlt).

Die Lieferung ist in **Frankreich steuerbar**, weil die Lieferung nach § 3c Abs. 1 UStG in **Straßburg** als ausgeführt gilt.

zu 2.

Ort der Lieferung ist **Straßburg**, weil dort das **Ende** der Versendung liegt (§ 3c Abs. 1 UStG). Die Lieferung ist für U im Inland **nicht steuerbar**, weil die Voraussetzungen des § 1 Abs. 1 **Nr. 1** UStG nicht erfüllt sind (Merkmal Inland fehlt).

Die Lieferung ist in **Frankreich steuerbar**, weil die Lieferung nach § 3c Abs. 1 UStG in **Straßburg** als ausgeführt gilt.

zu 3.

Ort der Lieferung ist **Mainz**, weil dort das **Ende** der Versendung liegt (§ 3c Abs. 1 UStG). Die Lieferung ist im Inland **steuerbar**, weil alle Voraussetzungen des § 1 Abs. 1 **Nr. 1** i.V.m. § 3 Abs. 1 und § 3c Abs. 1 UStG erfüllt sind.

zu 4.

Ort der Lieferung ist **Lüttich**, weil dort das **Ende** der Beförderung liegt (§ 3c Abs. 1 UStG). Die Lieferung ist im Inland **nicht steuerbar**, weil die Voraussetzungen des § 1 Abs. 1 **Nr. 1** UStG nicht erfüllt sind (Merkmal Inland fehlt).

Die Lieferung ist in **Belgien steuerbar**, weil die Lieferung nach § 3c Abs. 1 UStG in **Lüttich** (Belgien) als ausgeführt gilt.

FALL 10

1. Ort der Lieferung ist **Hamburg**, weil dort der **Anfang** der Versendung liegt (§ 3 **Abs. 6** Satz 1 UStG).
2. Die Lieferung ist im Inland **steuerbar**, weil alle Voraussetzungen des § 1 Abs. 1 **Nr. 1** i. V. m. § 3 Abs. 1 und § 3 Abs. 6 Satz 1 UStG erfüllt sind.
3. **Nein**, weil das **Ursprungslandprinzip** gilt.

FALL 11

1. Ort der Lieferung ist **Warschau**, weil dort das **Ende** der Versendung liegt (§ 3c Abs. 1 i. V. m. § 3c Abs. 4 UStG).
2. Die Lieferung ist im Inland **nicht steuerbar**, weil die Voraussetzungen des § 1 Abs. 1 Nr. 1 UStG nicht erfüllt sind (Merkmal Inland fehlt).
3. Die **Option** ist wirtschaftlich **sinnvoll**, weil die Ware im Bestimmungsland geringer besteuert wird als in Deutschland.
   (In Polen wird für die Lieferung von Büchern ein Steuersatz von 5 % erhoben, während in Deutschland die Bücherlieferung mit 7 % zu versteuern ist.)

FALL 12

1. Ort der Lieferung ist 2026 nach dem Überschreiten der Umsatzschwelle **Brüssel**, weil dort das **Ende** der Versendung liegt (§ 3c Abs. 1 UStG).
2. Die Lieferung ist 2026 nach dem Überschreiten der Umsatzschwelle im Inland **nicht steuerbar**, weil das Merkmal Inland fehlt.
3. **Ja**, weil das **Bestimmungslandprinzip** gilt.

Nach § 3c Abs. 3 Satz 1 UStG kommt es nicht auf die **Prognose** an, ob die Umsatzschwelle des **laufenden** Jahres **voraussichtlich** überschritten wird, sondern auf das **tatsächliche** Überschreiten der Umsatzschwelle im vorangegangenen und im **laufenden** Kalenderjahr.

FALL 13

Würde U **nicht optieren**, wäre die Lieferung in **Belgien** steuerbar und steuerpflichtig mit **21 %** (siehe **Anhang 1** des Lehrbuches).
Bei einer **Option** liegt der Ort der Lieferung in **Koblenz**. Die Lieferung ist dann in Deutschland **steuerbar** und **steuerpflichtig** mit **19 %**. U sollte demnach **optieren**.

FALL 14

zu 1.
In Gaststätten verzehrte Speisen und Getränke (Restaurationsumsätze) werden umsatzsteuerrechtlich als **sonstige Leistungen** (§ 3 Abs. 9 UStG) behandelt (Abschn. 3.6 UStAE).
Der Ort der sonstigen Leistung ist **München**, weil U dort die sonstige Leistung tatsächlich erbringt (§ 3a Abs. 3 Nr. 3a Buchstabe a UStG).
Die Leistung ist für U im Inland **steuerbar**, weil alle Tatbestandsmerkmale des § 1 Abs. 1 Nr. 1 i. V. m. § 3 Abs. 9 und § 3a Abs. 3 Nr. 3a Buchstabe a) UStG erfüllt sind.

zu 2.
Ort der sonstigen Leistung (kurzfristige Vermietung von Beförderungsmitteln) ist **Bochum**, weil U dort die Beförderungsmittel den Empfängern übergibt (§ 3a Abs. 3 Nr. 2 USt). Die Leistung ist für U im Inland **steuerbar**, weil alle Tatbestandsmerkmale des § 1 Abs. 1 Nr. 1 i. V. m. § 3 Abs. 9 und § 3a Abs. 3 Nr. 2 UStG erfüllt sind.

zu 3.
Ort der sonstigen Leistung ist **Aachen**, weil dort das Grundstück liegt (§ 3a Abs. 3 Nr. 1 UStG).
Die Leistung ist für U im Inland **steuerbar**, weil alle Tatbestandsmerkmale des § 1 Abs. 1 Nr. 1 i. V. m. § 3 Abs. 9 und § 3a Abs. 3 Nr. 1 UStG erfüllt sind.

zu 4.
Ort der sonstigen Leistung ist **Köln**, weil dort der Leistungsempfänger (OFW) seinen Sitz hat (§ 3a Abs. 2 UStG).
Die Leistung ist für U im Inland **steuerbar**, weil alle Tatbestandsmerkmale des § 1 Abs. 1 **Nr. 1** i. V. m. § 3 Abs. 9 und § 3a Abs. 2 UStG erfüllt sind.

zu 5.
Ort der Vermittlungsleistung ist **Paris**, weil dort der Leistungsempfänger sein Unternehmen betreibt (§ 3a Abs. 2 UStG; Abschn. 3a.7 Abs. 1 UStAE). Die Sondervorschrift des § 3a Abs. 3 Nr. 4 UStG greift nicht, da der Leistungsempfänger ein **Unternehmer** ist. Die Leistung ist für U im Inland **nicht steuerbar**, weil der Ort der Vermittlungsleistung im Ausland liegt.

FALL 15

zu 1.
Ort der sonstigen Leistung ist **Paris** (§ 3a Abs. 2 UStG). Die Sondervorschrift des § 3a Abs. 4 Nr. 3 UStG greift nicht, da der Leistungsempfänger ein **Unternehmer** ist.
Die sonstige Leistung ist im Inland **nicht steuerbar** (Merkmal Inland fehlt).

zu 2.
Ort der sonstigen Leistung ist **Bern** (§ 3a Abs. 2 UStG). Die Sondervorschrift des § 3a Abs. 4 Nr. 3 UStG greift nicht, da der Leistungsempfänger ein **Unternehmer** ist.
Die sonstige Leistung ist im Inland **nicht steuerbar** (Merkmal Inland fehlt).

zu 3.
Ort der sonstigen Leistung ist **Oslo**, weil die Voraussetzungen des § 3a Abs. 4 Nr. 3 UStG vorliegen.
Die sonstige Leistung ist für U im Inland **nicht steuerbar**, weil der Ort der Beratungsleistung im Ausland liegt.

zu 4.
Ort der sonstigen Leistung ist gem. § 3a Abs. 2 UStG **Straßburg** (**F**). Bei dem Ladekran handelt es sich nicht um ein Beförderungsmittel (vgl. Abschn. 3a.5 Abs. 2 Satz 3 UStAE). Die sonstige Leistung ist für U im Inland **nicht steuerbar**, weil der Ort der sonstigen Leistung im Ausland liegt.

zu 5.
Ort der sonstigen Leistung ist **Flensburg** (§ 3a Abs. 1 UStG). Es liegt kein Fall des § 3a Abs. 4 Nr. 10 UStG vor, da der private Abnehmer im Gemeinschaftsgebiet wohnt.
Die Leistung des U ist im Inland **steuerbar**, weil alle Tatbestandsmerkmale des § 1 Abs. 1 Nr. 1 i. V. m. § 3 Abs. 9 und § 3a Abs. 1 UStG erfüllt sind.

zu 6.
U erbringt eine sonstige Leistung im Sinne des § 3a Abs. 1 UStG. Die Sondervorschrift des § 3a Abs. 4 Nr. 10 UStG greift nicht, da der Empfänger der sonstigen Leistung ein Nichtunternehmer mit Wohnsitz im Gemeinschaftsgebiet ist. Ort der sonstigen Leistung ist in diesem Fall der Sitz des Leistenden = **Zürich** (§ 3a Abs. 1 UStG). Die Leistung des U ist im Inland **nicht steuerbar**.

zu 7.
U erbringt eine sonstige Leistung im Sinne des § 3a Abs. 4 Nr. 3 UStG, da der Leistungsempfänger ein Nichtunternehmer mit Wohnsitz im Drittlandsgebiet ist. Ort der sonstigen Leistung ist der Wohnsitz des Empfängers = **Bern** (§ 3a Abs. 4 Nr. 3 UStG). Die Leistung des U ist im Inland **nicht steuerbar** (Merkmal Inland fehlt).

zu 8.
Ort der sonstigen Leistung ist der Belegenheitsort des Grundstücks = **Zürich** (Schweiz) (§ 3a Abs. 3 Nr. 1 UStG). Die Leistung des U ist im Inland **nicht steuerbar**.

zu 9.
Ort der sonstigen Leistung ist **München** (§ 3a Abs. 2 UStG). Die sonstige Leistung ist im Inland **steuerbar**, weil alle Tatbestandsmerkmale des § 1 Abs. 1 Nr. 1 i. V. m. § 3 Abs. 9 und § 3a Abs. 2 UStG erfüllt sind.

zu 10.
Ort der sonstigen Leistung ist **in der Schweiz** (§ 3a Abs. 8 UStG). Die sonstige Leistung ist im Inland nicht **steuerbar**.

zu 11.
Der Ort der Beförderungsleistung ist **Düsseldorf**, (Sitzort des Empfängers; § 3a Abs. 2 UStG). Die Beförderungsleistung ist für S im Inland **steuerbar**, weil alle Tatbestandsmerkmale des § 1 Abs. 1 Nr. 1 i. V. m. § 3 Abs. 9 und § 3a Abs. 2 UStG vorliegen.

zu 12.
Der Ort der Beförderungsleistung ist **Madrid**, (Sitzort des Empfängers; § 3a Abs. 2 UStG).

FALL 16

zu 1.
Ort der sonstigen Leistung ist die **Strecke Düsseldorf - München - Düsseldorf** (§ 3b Abs. 1 Satz 1 UStG). Insgesamt steuerbar gem. § 1 Abs. 1 Nr. 1 UStG.

zu 2.
Ort der sonstigen Leistung ist die **Strecke Düsseldorf - Köln - Düsseldorf** (§ 3b Abs. 1 Satz 1 UStG). Insgesamt steuerbar gem. § 1 Abs. 1 Nr. 1 UStG.

zu 3.
Ort der sonstigen Leistung ist die **Strecke Düsseldorf - Wien - Düsseldorf** (§ 3b Abs. 1 Satz 1 und Satz 2 UStG). Es ist nur die inländische Strecke steuerbar gem. § 1 Abs. 1 Nr. 1 UStG.

zu 4.
Ort der sonstigen Leistung ist die **Strecke Wuppertal - Essen** (§ 3b Abs. 1 Satz 3 UStG). Insgesamt steuerbar gem. § 1 Abs. 1 Nr. 1 UStG.

zu 5.
Ort der sonstigen Leistung ist **Essen** (§ 3a Abs. 2 UStG). Insgesamt steuerbar gem. § 1 Abs. 1 Nr. 1 UStG.

zu 6.
Der Ort der Beförderungsleistung ist **die Strecke Bonn - Köln** (§ 3b Abs. 1 Satz 3 UStG). Die Beförderungsleistung ist für U im Inland **steuerbar**, weil alle Tatbestandsmerkmale des § 1 Abs. 1 Nr. 1 i. V. m. § 3 Abs. 9 und § 3b Abs. 1 UStG vorliegen.

zu 7.
Der Ort der Beförderungsleistung ist die **Strecke Berlin - Belgrad**, wobei nur die inländische Strecke (10 % = 100 km) steuerbar ist (§ 3b Abs.1 UStG).
Die Beförderungsleistung ist für U teilweise im Inland **steuerbar**, weil diesbezüglich alle Tatbestandsmerkmale des § 1 Abs. 1 Nr. 1 i. V. m. § 3 Abs. 9 und § 3b Abs.1 UStG vorliegen.

FALL 17

1. Ort der (unentgeltlichen) Lieferung ist **Saarbrücken**, weil dort die Versendungslieferung beginnt (§ 3 Abs. 6 UStG).
2. **Ja**, weil alle Merkmale des § 1 Abs. 1 **Nr. 1** i.V.m. § 3 Abs. 1b Satz 1 Nr. 1 und § 3 Abs. 6 UStG erfüllt sind.

FALL 18

1. Zur unentgeltlichen sonstigen Leistung gehört **nur** die **Urlaubsreise** nach Belgien. Ort dieser unentgeltlichen sonstigen Leistung ist **Aachen** (Sitzort des Leistenden, § 3a Abs. 1 UStG).
   Die **Inspektion** des Pkws ist **keine unentgeltliche sonstige Leistung** i. S. d. § 3 Abs. 9a Nr. 1 UStG, da sie nicht für Zwecke ausgeführt wird, die außerhalb des Unternehmens liegen (kein Leistungsaustausch, sog. Innenumsatz).
2. **Ja**, jedoch nur die Urlaubsreise, weil alle Voraussetzungen des § 1 Abs. 1 **Nr. 1** i. V. m. § 3 Abs. 9a Nr. 1 und § 3a Abs. 1 UStG erfüllt sind.

FALL 19

1. Es handelt sich um einen **innergemeinschaftlichen Erwerb** (§ 1a Abs. 1 UStG).
2. Ort des innergemeinschaftlichen Erwerbs ist für A nach § 3d Satz 1 UStG das **Ende** der Beförderung, d. h. **Düsseldorf**.
3. Der innergemeinschaftliche Erwerb ist für A im Inland **steuerbar**, weil alle Tatbestandsmerkmale des § 1 Abs. 1 **Nr. 5** i. V. m. § 3d Satz 1 UStG erfüllt sind.

FALL 20

1. Es handelt sich um einen **innergemeinschaftlichen Erwerb** (§ 1a Abs. 1 UStG).
2. Als Ort des innergemeinschaftlichen Erwerbs gilt **Aachen**, weil A seine **deutsche USt-IdNr.** angegeben hat (§ 3d Satz 2 UStG).
3. Der innergemeinschaftliche Erwerb ist für A im Inland **steuerbar**, bis A nachweist, dass der Erwerb in Belgien besteuert worden ist.

FALL 21

1. Es handelt sich um einen **innergemeinschaftlichen Erwerb eines neuen Fahrzeuges durch eine Privatperson** (§ 1b UStG).
2. Als Ort des innergemeinschaftlichen Erwerbs ist für U nach § 3d Satz 1 UStG das **Ende** der Beförderung, d. h. **Stuttgart**.
3. Der innergemeinschaftliche Erwerb ist für U im Inland **steuerbar**, weil alle Tatbestandsmerkmale des § 1 Abs. 1 **Nr. 5** i. V. m. § 1b Abs. 1, § 1a Abs. 1 Nr. 1 und § 3d UStG erfüllt sind.

Zusammenfassende Erfolgskontrolle zum 1. bis 6. Kapitel

Tz.	Umsatzart nach § 1 i. V. m. § 3 UStG	**Ort des Umsatzes**	**n. steuerbare** Umsätze im Inland €	**steuerbare** Umsätze im Inland €
1.	innergem. Lieferung (§ 1 Abs. 1 **Nr. 1** i. V. m. § 3 Abs. 1, § 6a)	Aachen (§ 3 Abs. 6 Satz 1)		10.000
2.	Lieferung (§ 1 Abs. 1 **Nr. 1** i. V. m. § 3 Abs. 1)	Mainz (§ 3 Abs. 6 Satz 1)		400
3.	sonstige Leistung (§ 1 Abs. 1 **Nr. 1** i. V. m. § 3 Abs. 9)	Bonn (§ 3a Abs. 3 Nr. 1c)		2.000
4.	sonstige Leistung (§ 1 Abs. 1 **Nr. 1** i. V. m. § 3 Abs. 9)	Bern (Schweiz) (§ 3a Abs. 4 Nr. 3)	300	—
5.	Lieferung (§ 1 Abs. 1 **Nr. 1** i. V. m. § 3 Abs. 1)	Stuttgart (§ 3 Abs. 6 Satz 1)		30.000
6.	unentgeltliche sonst. L. (§ 1 Abs. 1 **Nr. 1** i. V. m. § 3 Abs. 9a Nr. 1	Freiburg (§ 3a Abs. 1)		400
	kein Umsatz	—	80	—
7.	sonstige Leistung (§ 1 Abs. 1 **Nr. 1** i. V. m. § 3 Abs. 9)	Norwegen (§ 3a Abs. 2)	2.500	—
8.	**kein Umsatz** (kein Leistungsaustausch)	—	—	—
9.	sonstige Leistung (§ 1 Abs. 1 **Nr. 1** i. V. m. § 3 Abs. 9)	Passau (§ 3a Abs. 3 Nr. 3a Buchstabe a))		5.000
10.	sonstige Leistung (§ 1 Abs. 1 **Nr. 1** i. V. m. § 3 Abs. 9)	Istanbul (§ 3a Abs. 1)	150	—
11.	Lieferung (§ 1 Abs. 1 **Nr. 1** i. V. m. § 3 Abs. 1)	Linz (Österreich) (§ 3g Abs. 1 Satz 1)	150.000	—

7 Steuerbefreiungen

FALL 1

Die Umsätze sind **nicht steuerpflichtig**.

1. Die **Provisionseinnahmen** sind nach § 1 Abs. 1 Nr. 1 UStG **steuerbar**, aber nach § 4 Nr. 11 UStG **steuerfrei**.
2. Der **Verkauf** des **privaten Pkws** ist **nicht steuerbar** (nicht im Rahmen seines Unternehmens).
3. Die private **Nutzung des gemieteten Geschäftstelefons** ist **kein** steuerbarer Vorgang (Abschn. 3.4 Abs. 4 Satz 4 UStAE).

FALL 2

1. Die **Honorareinnahmen** sind nach § 1 Abs. 1 Nr. 1 UStG **steuerbar**, aber nach § 4 Nr. 14 UStG **steuerfrei**.
2. Die **Einnahmen aus schriftstellerischer Tätigkeit** sind nach § 1 Abs. 1 Nr. 1 UStG **steuerbar** und **steuerpflichtig**, da hierfür keine Steuerfreiheit gem. § 4 UStG existiert.
3. Die **Einnahmen aus dem Verkauf des gebrauchten Bestrahlungsgerätes** sind nach § 1 Abs. 1 Nr. 1 UStG **steuerbar**, aber nach § 4 Nr. 28 UStG **steuerfrei**.

FALL 3

1. Der Ort der Lieferung ist für U (innergemeinschaftliche Lieferung) **Erfurt** (§ 3 **Abs. 6** UStG) und für A (innergemeinschaftlicher Erwerb) **Mailand (§ 3d Satz 1)**.
2. Der Umsatz ist für U im Inland **steuerbar** (§ 1 Abs. 1 **Nr. 1** i. V. m. § 3 Abs. 6 UStG).
3. Der Umsatz ist für U im Inland **nicht steuerpflichtig.** Die **innergemeinschaftliche Lieferung** ist im Inland **steuerfrei** (§ 4 **Nr. 1 Buchstabe b)** i. V. m. § 6a Abs. 1 UStG).

FALL 4

1. Der Ort der Lieferung ist für U (innergemeinschaftliche Lieferung) **Erfurt** (§ 3 **Abs. 6** UStG) und für A (innergemeinschaftlicher Erwerb) **Mailand (§ 3d Satz 1)**.
2. Der Umsatz ist für U im Inland **steuerbar** (§ 1 Abs. 1 **Nr. 1** i. V. m. § 3 Abs. 6 UStG).
3. Der Umsatz ist für U im Inland **nicht steuerpflichtig.** Die **innergemeinschaftliche Lieferung** ist im Inland **steuerfrei** (§ 4 **Nr. 1 Buchstabe b)** i. V. m. § 6a Abs. 1 UStG).

FALL 5

1. Der Ort der Lieferung ist für U (innergemeinschaftliche Lieferung) **Erfurt** (§ 3 **Abs. 6** UStG) und für A (innergemeinschaftlicher Erwerb) **Mailand (§ 3d Satz 1)**.
2. Der Umsatz ist für U im Inland **steuerbar** (§ 1 Abs. 1 **Nr. 1** i. V. m. § 3 Abs. 6 UStG).
3. Der Umsatz ist für U im Inland **nicht steuerpflichtig.** Die **innergemeinschaftliche Lieferung** ist im Inland **steuerfrei** (§ 4 **Nr. 1 Buchstabe b)** i. V. m. § 6a Abs. 1 UStG).

FALL 6

1. Der Ort der Lieferung ist für U (innergemeinschaftliche Lieferung eines Neufahrzeugs an eine Privatperson) **Köln** (§ 3 **Abs. 6** UStG) und für P (innergemeinschaftlicher Erwerb eines Neufahrzeugs i. S. d. § 1b UStG) **Lüttich (§ 3d Satz 1** UStG).
2. Der Umsatz ist für U im Inland **steuerbar** (§ 1 Abs. 1 **Nr. 1** i. V. m. § 3 Abs. 6 UStG).
3. Der Umsatz ist für U im Inland **nicht steuerpflichtig.** Die **innergemeinschaftliche Lieferung** ist im Inland **steuerfrei** (§ 4 **Nr. 1 Buchstabe b)** i. V. m. § 6a Abs. 1 UStG).

FALL 7

1. Der Ort der Lieferung ist für U **Saarbrücken** (§ 3 **Abs. 6** UStG).
2. Die Lieferung ist für U im Inland **steuerbar** (§ 1 Abs. 1 **Nr. 1** i. V. m. § 3 Abs. 6 UStG).
3. Die Lieferung ist für U im Inland **steuerpflichtig,** da **keine Steuerfreiheit** i. S. d. § 4 UStG existiert. Es liegt keine innergemeinschaftliche Lieferung i. S. d. § 1b UStG vor.

FALL 8

1. Der Ort der Lieferung ist **Metz** (§ 3c Abs. 1 Satz 1 UStG).
2. Die Lieferung ist für U im Inland **nicht steuerbar** (Merkmal Inland fehlt).
3. Die Lieferung ist für U im Inland **nicht steuerpflichtig** (weil nicht steuerbar).

FALL 9

1. Der Ort der Lieferung ist **Hamburg** (§ 3 **Abs. 6** UStG).
2. Der Umsatz ist für U im Inland **steuerbar** (§ 1 Abs. 1 **Nr. 1** i. V. m. § 3 Abs. 6 UStG).
3. Der Umsatz ist für U im Inland **nicht steuerpflichtig.** Die **Ausfuhrlieferung** ist im Inland **steuerfrei** (§ 4 **Nr. 1 Buchstabe a)** i. V. m. § 6 Abs. 1 UStG).

FALL 10

1. Der Ort der Lieferung ist **Hamburg** (§ 3 **Abs. 6** UStG).
2. Der Umsatz ist für U im Inland **steuerbar** (§ 1 Abs. 1 **Nr. 1** i. V. m. § 3 Abs. 6 UStG).
3. Der Umsatz ist für U im Inland **nicht steuerpflichtig.** Die **Ausfuhrlieferung** ist im Inland **steuerfrei** (§ 4 **Nr. 1 Buchstabe a)** i. V. m. § 6 Abs. 1 UStG).

FALL 11

1. Die **steuerbaren** Umsätze (§ 1 Abs. 1 **Nr. 1** UStG) betragen **150.000 €**.
2. Die **steuerfreien** Umsätze betragen **60.000 €** (§ 4 Nr.12 Buchstabe a) UStG).
   Eine Option i. S. d. § 9 UStG ist für diese Umsätze nicht möglich.
3. Die **steuerpflichtigen** Umsätze betragen **90.000 €.**

FALL 12

1. Die **steuerbaren** Umsätze betragen (§ 1 Abs. 1 **Nr. 1** UStG):	
Werklieferungen (§ 3 Abs. 4 UStG)	27.000 €
Werkleistungen (Abschn. 3.8 Abs. 1 Satz 3 UStAE)	8.000 €
Erdgeschoss (§ 3 Abs. **9** UStG)	3.600 €
1. Obergeschoss (nstb. Innenumsatz, Abschn. 2.7 Abs. 1 Satz 3 UStAE)	0 €
2. Obergeschoss (nstb., § 3 Abs. 9a Nr. 1 UStG) (Bei „Neuobjekt" seit 2011 **kein VoSt-Abzug** gem. § 15 **Abs. 1b** UStG)	0 €
	38.600 €
2. U hat per Option (**§ 9 UStG**) rechtswirksam auf die **Steuerfreiheit** (§ 4 Nr. 12 Buchstabe a) UStG) **verzichtet**.	**0 €**
3. Die **steuerpflichtigen** Umsätze betragen:	
Werklieferungen	27.000 €
Werkleistungen	8.000 €
sonstige Leistungen (Option EG)	3.600 €
	38.600 €

FALL 13

Sowohl **Herr** als auch **Frau** U sind aufgrund des gesetzlichen Güterstandes der Zugewinngemeinschaft **Unternehmer** im Sinne des § 2 Abs. 1 UStG.

1. a) Die **steuerbaren** Umsätze des **Herrn** U betragen	**152.500 €**
b) Die **steuerbaren** Umsätze der **Frau** U betragen:	
sonstige Leistungen (Ladenlokal EG - Ehemann)	6.000 €
sonstige Leistungen (Ladenlokal EG - Textilhändler)	6.000 €
sonstige Leistungen (Versicherungsbüro 1. OG)	3.000 €
sonstige Leistungen (Architekturbüro 1. OG)	3.000 €
sonstige Leistungen (Mietwohnung 2. OG - Fremde)	3.000 €
unentgeltliche. sonst. Leist. (eigene Wohnung 2. OG)*	0 €
	21.000 €
2. Die **steuerfreien** Umsätze der **Frau** U betragen:	
(eine Option gem. § 9 UStG ist nicht zulässig für:)	
sonstige Leistungen (Versicherungsbüro 1. OG)	3.000 €
(Versicherungsvertreter tätigt stfr. Leistungen, § 4 Nr. 11 UStG)	
sonstige Leistungen (Mietwohnung 2. OG)	3.000 €
	6.000 €
3. a) Die **steuerpflichtigen** Umsätze des **Herrn** U betragen	**152.500 €**
b) Die **steuerpflichtigen** Umsätze der **Frau** U betragen	
[21.000 € - 6.000 € (Versicherungsvertreter + Mietwohnung)]	**15.000 €**

* Die **private Nutzung** des insgesamt dem Unternehmensvermögen zugeordneten Betriebsgebäudes ist **nicht steuerbar**, da seit 2011 der Vorsteuerabzug für den privat genutzten Gebäudeteil gem. § 15 Abs. 1b UStG ausgeschlossen ist. Insoweit kann es dann auch nicht mehr zu einer steuerbaren unentgeltlichen sonstigen Leistung (unentgeltliche Wertabgabe) i.S.d. § 3 Abs. 9a Nr. 1 UStG kommen.

FALL 14

U kann die Erklärung zur Option (Umsatzsteuer 2025) nach § 9 UStG i.V.m. Abschn. 9.1 Satz 1 abgeben, solange die Steuerfestsetzung für das Jahr der Leistungserbringung anfechtbar oder aufgrund eines Vorbehalts der Nachprüfung (§ 164 AO) noch änderbar ist.

Zu beachten ist, dass es sich bei der Abgabe der Umsatzsteuererklärung um eine **Steueranmeldung** (§ 150 AO) handelt. Gem. § 167 Abs. 1 AO kann auf eine Steuerfestsetzung per Bescheid (§ 155 AO) verzichtet werden, wenn die Festsetzung zu keiner abweichenden Steuer führt. Dies ist bei Umsatzsteuererklärungen i.d.R. der Fall. Gem. § 168 AO führt die Steueranmeldung des U zu einer **Steuerfestsetzung unter dem Vorbehalt der Nachprüfung**. Die formelle Bestandskraft wird hierduch nicht beeinflusst.

Die Steuerfestsetzung aufgrund der Umsatzsteuererklärung 2025 wird nach Ablauf der einmonatigen Einspruchsfrist am **08.01.2027** 24:00 Uhr **formell** bestandskräftig (§ 355 Abs. 1 AO).

Die **materielle** Bestandskraft tritt mit Ablauf der Festsetzungsverjährung ein, also am **31.12.2030**.

Zusammenfassende Erfolgskontrolle zum 1. bis 7. Kapitel

Tz.	Umsatzart nach § 1/§ 3 UStG	Ort des Umsatzes	nstb. €	stb. €	stfr. €	stpfl. €
1.	s.L. (§ 1 Abs. 1 Nr. 1 i.V.m. § 3 Abs. 9)	München (§ 3a Abs. 1)		250.000	250.000 (§ 4 Nr. 14)	—
2.	s.L. (§ 1 Abs. 1 Nr. 1 i.V.m. § 3 Abs. 9)	Bonn (§ 3a Abs. 3 Nr. 1)		6.000	—	6.000 (§ 9)
3.	s.L. (§ 1 Abs. 1 Nr. 1 i.V.m. § 3 Abs. 9)	Köln (§ 3a Abs. 3 Nr. 1)		12.000	12.000 (§ 4 Nr. 12)	—
4.	s.L. (§ 1 Abs. 1 Nr. 1 i.V.m. § 3 Abs. 9)	Inland (§ 3a Abs. 2)		14.375	14.375 (§ 4 Nr. 11)	—
5.	unentg. s.L. (§ 1 Abs. 1 Nr. 1/§ 3 Abs. 9a Nr. 1) „Altobjekt" (2010!)	Ulm (§ 3a Abs. 3 Nr. 1)		6.000	—	6.000
6.	unentg. s.L. (§ 1 Abs. 1 Nr. 1/§ 3 Abs. 9a Nr. 1)	Köln (§ 3a Abs. 1)		1.725	—	1.725
	kein Umsatz	—	1.000	—	—	—
7.	kein Umsatz (kein Leistungsaust.)	—	6.000	—	—	—
8.	L. (§ 1 Abs. 1 Nr. 1 i.V.m. § 3 Abs. 1)	Dortmund (§ 3 Abs. 6)		5.500	—	5.500
9.	s.L. (§ 1 Abs. 1 Nr. 1 i.V.m. § 3 Abs. 9)	Inland (§ 3a Abs. 1)		6.500	—	6.500
10.	kein Umsatz (Abschn. 3.4 Abs. 4 Satz 4 UStAE)	—	740	—	—	—
11.	unentg. L. (§ 1 Abs. 1 Nr. 1 i.V.m. § 3 Abs. 1b Satz 1 Nr. 1)	Köln (§ 3 Abs. 6)		100	—	100
12.	kein Umsatz (VoSt-Berichtigung)	—	100	—	—	—
13.	sonstige Leistung (Entgelt fehlt)	—	50	—	—	—
14.	L. (§ 1 Abs. 1 Nr. 1 i.V.m. § 3 Abs. 1)	Inland (§ 3 Abs. 8)		19.000	—	19.000
15.	L. (§ 1 Abs. 1 Nr. 1 i.V.m. § 3 Abs. 1)	München (§ 3 Abs. 6)		25.000	25.000 (§ 4 Nr. 1 Buchst. a)	—

8 Bemessungsgrundlage

FALL 1

zu a)
Die Bemessungsgrundlage beträgt **270 €** (321,30 € : 1,19 = 270 €/§ 10 Abs. 1 Sätze 1 + 2 UStG)/Ladenpreis = brutto (119 %).

zu b)
Es handelt sich um steuerbare und steuerpflichtige entgeltliche **Lieferungen** i.S.d. § 1 Abs. 1 **Nr. 1** i.V.m. § 3 Abs. 1 UStG.

Bemessungsgrundlage (7 %) : **85.000 €** (90.950 € : 1,07 = 85.000 €/§ 10 Abs. 1 Satz 1 + 2 UStG)/Einnahmen = brutto (107 %)
Bemessungsgrundlage (19 %) : **21.000 €** (24.990 € : 1,19 = 21.000 €/§ 10 Abs. 1 Satz 1 + 2 UStG)/Einnahmen = brutto (119 %)

zu c)

a)	**Fahrten zwischen Wohnung und erster Arbeitsstätte**	
	200 Tage x 40 km (tatsächliche km) =	8.000 km
b)	**sonstige Privatfahrten**	3.500 km
	= Privatfahrten insgesamt	**11.500 km**

Dies entspricht einer Privatnutzung von **46 %** (11.500 km x 100 : 25.000 km).
Für die umsatzsteuerliche **Bemessungsgrundlage** ist von einem Betrag von **5.060 €** auszugehen (46 % von 11.000 €).

zu d)
Fallbesonderheit:

Tauschähnlicher Umsatz (Arbeitsleistung gegen Kfz-Gestellung) → **entgeltliche** sonstige Leistung → BMG gem. § 10 Abs. 2 Satz 2 UStG → aufgrund der Entgeltlichkeit erfolgt keine Herausrechnung der vorsteuerfreien Kosten (es liegt **keine** unentgeltliche Wertabgabe vor).

a)	**Privatfahrten**	
	1 % von 20.000 € = 200 € (mtl.) x 12 Monate =	2.400,00 €
b)	**Fahrten zwischen Wohnung und erster Arbeitsstätte**	
	0,03 % von 20.000 € = 6 € x 30 km x 12 Monate =	2.160,00 €
	= Bruttowert der sonstigen Leistung	4.560,00 €
	= **Bemessungsgrundlage** = 4.560 € : 1,19 = (§ 10 Abs. 2 Satz 2 UStG)	**3.831,93 €**

zu e)

a)	**Fahrten zwischen Wohnung und erster Arbeitsstätte**	
	200 Tage x 60 km =	12.000 km
sonstige Privatfahrten		4.500 km
	= Privatfahrten insgesamt	**16.500 km**

Dies entspricht einer Privatnutzung von **66 %** (16.500 km x 100 : 25.000 km).
Für die umsatzsteuerliche **Bemessungsgrundlage** (§ 10 Abs. 2 Satz 2 UStG) ist von einem Betrag von **7.425 €** auszugehen (66 % von 11.250 €).

zu f)

Fallbesonderheit:

U ist laut Verwaltungsrecht Gebührenschuldner. Die an A weiterberechneten Gebühren stellen **keinen** durchlaufenden Posten dar (Abschn. 10.4 Abs. 3 UStAE).

BMG (19 %): **1.204,38 €** (§ 10 Abs. 1 Sätze 1, 2 + 6 UStG)
(1.433,21 € : 1,19 = BMG)

FALL 2

a) Tausch mit Baraufgabe (§ 10 Abs. 2 Sätze 2 und 3 UStG, vgl. Abschn. 10.5 Abs. 1 Satz 6 UStAE) → der Leistungsempfänger wendet gem. § 10 Abs. 1 Satz 2 UStG Bargeld + CD-Player auf, um das TV-Gerät zu erhalten → Ansatz des CD-Players mit dem gemeinen Wert (aktueller Wert → Bruttowert, Abschn. 10.5 Abs. 1 UStAE)
BMG: **550,00 €** [(500,00 € + 154,50 €) : 1,19]
(§ 10 Abs. 1 Satz 1 bis 3 + Abs. 2 Sätze 2 + 3 UStG/Abschn. 10.5 Abs. 1 UStAE)
b) BMG: **322,00 €** (350,00 € x 0,92 bzw. 350,00 € - 8 % Preissenkung)
(§ 10 Abs. 4 Satz 1 Nr. 1 UStG/Abschn. 10.6 Abs. 1 UStAE)
c) verbilligte Überlassung an Mitarbeiter → entgeltliche Lieferung → Mindestbemessungsgrundlage (§ 10 Abs. 5 Nr. 2 UStG/Abschn. 10.7 UStAE) prüfen (vgl. Fall 9)
BMG gem. § 10 Abs. 4 Satz 1 Nr. 1 UStG: 322,00 €
BMG gem. § 10 Abs. 1 Sätze 1 + 2 UStG: 268,91 €
→ BMG: **322,00 €** (§ 10 Abs. 5 Nr. 2 UStG)
d) BMG: **0 €** (Bei einem Geschenk > 35 Euro netto ist die Vorsteuer zu korrigieren.)
e) echter Schadenersatz (kein Leistungsaustausch/Abschn. 1.3 Abs. 1 Satz 1 UStAE) → **nicht steuerbar**

FALL 3

Ermittlung der BMG mithilfe amtlicher Pauschbeträge (vgl. Lehrbuch S. 294).
Aufgrund der Familienkonstellation ist der Faktor 3,5 anzuwenden.

BMG (7 %): **11.105,50 €** (3.173 € x 3,5 = 11.105,50,00 €/§ 10 Abs. 4 Satz 1 Nr. 1 UStG)
BMG (19 %): **2.898,00 €** (828 € x 3,5 = 2.898,00 €/§ 10 Abs. 4 Satz 1 Nr. 1 UStG)

FALL 4

Der ursprüngliche Pkw-Kauf führte nicht zum Vorsteuerabzug (Kauf ohne USt von Privatperson). Während der Unternehmenszugehörigkeit wurden jedoch Fremdleistungen am Pkw ausgeführt, die zum Vorsteuerabzug berechtigten (Klimaanlage + Windschutzscheibe). Zu prüfen ist, ob die Privatentnahme des Pkws zu einer steuerpflichtigen Entnahme von vorsteuerbehafteten Bestandteilen führt (Abschn. 3.3 Abs. 2 und Abs. 4 Satz 3 UStAE).

BMG: **1.500 €** (§ 10 Abs. 4 Satz 1 Nr. 1 UStG/Klimaanlage)

Die Windschutzscheibe liegt unter der Bagatellgrenze von 20 % der Anschaffungskosten bzw. 1.000 € (Abschn. 3.3 Abs. 4 UStAE). Die **Klimaanlage** unterliegt der USt, während die **Windschutzscheibe** nicht steuerbar ist.

FALL 5

Nicht steuerbar. Die vorsteuerbehafteten Aufwendungen (vorwiegend Dienstleistungen) stellen keine Bestandteile dar (Abschn. 3.3 Abs. 2 UStAE).

FALL 6

BMG: **900 €** (§ 10 Abs. 4 Satz 1 Nr. 1 UStG)

FALL 7

BMG: **500 €** (§ 10 Abs. 4 Satz 1 Nr. 1 UStG)

FALL 8

zu a)

Fallbesonderheit:

Kauf von Privatperson, d.h., die AfA zählt zu den **nicht** mit Vorsteuer behafteten Kosten.

Kosten **mit** Vorsteuerabzug		Kosten **ohne** Vorsteuerabzug	
Benzin	300 €	AfA (§ 15a)	500 €
+ Reparatur	400 €	+ Kfz-Steuer	60 €
		+ Kfz-Versicherung	260 €
= gesamt	700 €	= gesamt	820 €
BMG: 30 % von 700 € =	**210 €**	BMG: 30 % von 820 € =	**246 €**
(§ 10 Abs. 4 Satz 1 Nr. 2 UStG) → **stb.**		(§ 10 Abs. 4 Satz 1 Nr. 2 UStG) → **nstb.**	

zu b)

Fallbesonderheit:

Die ursprünglich nach § 4 Nr. 12a UStG steuerfreie Garagenmiete wird durch die Option gem. § 9 UStG steuerpflichtig, d.h., die Garagenmiete gehört zu den vorsteuerbehafteten Kosten.

Der Ort der unentgeltlichen Wertabgabe liegt gem. § 3a Abs. 1 UStG in Bonn. Dies gilt auch für die 2.000 km im Ausland.

Privatanteil $\frac{4.000 \text{ km} \times 100}{40.000 \text{ km}}$ = **10 %**

Kosten **mit** Vorsteuerabzug		Kosten **ohne** Vorsteuerabzug	
Benzin	1.500 €	Steuer + Versicherung	2.000 €
+ AfA (§ 15a)	3.300 €		
+ Garagenmiete	200 €		
= gesamt	5.000 €		
BMG: 10 % von 5.000 € =	**500 €**	„BMG": 10 % von 2.000 € =	**200 €**
(§ 10 Abs. 4 Satz 1 Nr. 2 UStG) → **stb.**		(§ 10 Abs. 4 Satz 1 Nr. 2 UStG) → **nstb.**	

zu c)

Bruttolistenpreis 35.750 € + 6.792,50 € (19 % von 35.750 €) =	42.542,50 €
Abrundung auf volle 100 €	42.500,00 €
1 % von 42.500 € x 12 Monate =	5.100 €
- 20 % (Abzug für vorsteuerfreie Kosten)	1.020 € (nstb.)
= BMG (§ 10 Abs. 4 Satz 1 Nr. 2 UStG)	**4.080 € (stb.)**

zu d)

Fallbesonderheit:

Die Fahrten zwischen Wohnung und Betrieb stellen **unternehmerische Fahrten** dar, d.h., es erfolgt keine Besteuerung als unentgeltliche Wertabgabe (Abschn. 15.23 Abs. 2 Satz 2 UStAE).

$$\textbf{Privatanteil} = \frac{12.800 \text{ km} \times 100}{32.000 \text{ km}} = \mathbf{40\,\%}$$

Kosten **mit** Vorsteuerabzug		Kosten **ohne** Vorsteuerabzug	
Benzin	2.700 €	Kfz-Steuer	500 €
+ Reparatur	3.500 €	+ Kfz-Versicherung	900 €
+ AfA (§ 15a)*	8.000 €		
= gesamt	14.200 €	= gesamt	1.400 €
BMG: **40 %** von 14.200 € =	**5.680 €**	„BMG": **40 %** von 1.400 € =	**560 €**
(§ 10 Abs. 4 Sätze 1 Nr. 2 UStG) → **stb.**		(§ 10 Abs. 4 Satz 1 Nr. 2 UStG) → **nstb.**,	
* Die AfA ist in Anlehnung an § 15a Abs. 1 UStG mit einer Nutzungsdauer von 5 Jahren berechnet (nicht - wie bei der Einkommensteuer - mit 6 Jahren, vgl. Abschn. 10.6 Abs. 3 Satz 3 u. 4 UStAE)		da kein ursprünglicher Vorsteuerabzug; § 3 Abs. 9a Nr. 1 UStG (stellt auch eine Privatentnahme dar, wichtig für die Buchführung)	

zu e)

	Bruttolistenpreis (48.024 € + 9.124,56 € USt)		57.148,56 €
	Abrundung auf volle 100 Euro		57.100,00 €
	1 % v. 57.100,00 € x 12 Monate*	6.852,00 €	
-	20 % (Abzug für vorsteuerfreie Kosten)	1.370,40 € (nstb.)	
=	BMG (§ 10 Abs. 4 Satz 1 Nr. 2 UStG)	**5.481,60 € (stb.)**	

* Kein Ansatz der Fahrten Wohnung - Betrieb (0,03 %); vgl. Anm. zu d).

zu f)

Fallbesonderheit:

Die Fahrten Wohnung - Betrieb stellen **private** Fahrten dar, d.h., es erfolgt eine Besteuerung dieser Fahrten als tauschähnlicher Umsatz (§ 3 Abs. 12 Satz 2 UStG/Abschn. 15.23 Abs. 10 Satz 1 UStAE). Außerdem erfolgt keine Trennung der Kosten in Kosten **mit** und **ohne** Vorsteuerabzug (Abschn. 1.8 Abs. 8 und Abs. 18 UStAE und Abschn. 15.23 Abs. 11 Nr. 2 UStAE).

$$\textbf{Privatanteil} \quad \frac{(12.800 \text{ km} + 250 \text{ Tage} \times 18 \text{ km} \times 2) \times 100}{32.000 \text{ km}} = \mathbf{68{,}13\,\%}$$

BMG (vgl. Abschn. 15.23 Abs. 11 Nr. 2 Beispiel 2 UStAE):
68,13 % von 14.266,67 € (2.700 € + 3.500 € + (40.000 € : 6) + 1.400 €) = **9.719,88 €**
(§ 10 Abs. 2 Satz 2 UStG) → **stb.**

zu g)

	Bruttolistenpreis	57.148,56 €
	Abrundung auf volle 100 Euro	57.100,00 €
	1 % v. 57.100,00 € x 12 Monate	6.852,00 €
+	0,03 % v. 57.100,00 € x 18 km x 12 Monate*	3.700,08 €
=	Bruttowert (Abschn. 1.8 Abs. 8 Satz 3 UStAE)	10.552,08 €
=	BMG: **8.867,29 €** (10.552,08 € : 1,19) (§ 10 Abs. 2 Satz 2 UStG)	

* Aufgrund der Entgeltlichkeit erfolgt keine 20 %-Kürzung.

zu h)

BMG: **7.000 €** (§ 10 Abs. 4 Satz 1 Nr. 3 UStG)

Hinweis:

§ 10 Abs. 4 Satz 1 Nr. 3 UStG setzt nicht den ursprünglichen Vorsteuerabzug voraus (im Gegensatz zu § 10 Abs. 4 Satz 1 Nrn. 1 + 2 UStG).

FALL 9

Verbilligte Überlassung an Mitarbeiter → entgeltliche Lieferung → Mindestbemessungsgrundlage (§ 10 Abs. 5 Nr. 2 UStG/Abschn. 10.7 UStAE) ist zu prüfen, d.h., es gilt:

BMG gem. § 10 Abs. 4 Satz 1 Nr. 1 UStG > BMG gem. § 10 Abs. 1 Sätze 1 + 2 UStG

[Wiederbeschaffungskosten > tatsächlich gezahltes Entgelt].

BMG gem. § 10 Abs. 4 Satz 1 Nr. 1 UStG: 5,00 €
BMG gem. § 10 Abs. 1 Sätze 1 + 2 UStG: 4,20 € (5,00 € x 100/119 = 4,20)

Hinweis: Wähle immer den größeren der beiden Werte.

→ BMG: **5,00 €** (§ 10 Abs. 5 Nr. 2 UStG i.V.m. § 10 Abs. 4 Satz 1 Nr. 1 UStG)

Hinweis:

Mindestbemessungsgrundlage = es gilt mindestens die Bemessungsgrundlage für unentgeltliche Wertabgaben. Zahlt der Mitarbeiter mehr, so ist das tatsächlich gezahlte Entgelt anzusetzen.

FALL 10

BMG: **8.600 €** (§ 10 Abs. 1 Satz 1 + 2 UStG)/inkl. Anschaffungsnebenkosten

FALL 11

Die Bemessungsgrundlage beträgt 73,50 €. Das ursprüngliche Entgelt von 75 € mindert sich durch den Skontoabzug um 1,50 € (§ 10 Abs. 1 Sätze 1 + 2 UStG).

	89,25 €			
- 2% Skonto	- 1,79 €			
	87,46 €	: 1,19	=	**73,50 € Entgelt**

Hinweis:

Sollte die Änderung der BMG in einem anderen Voranmeldungszeitraum eintreten, so ist die Berichtigung in dem Voranmeldungszeitraum durchzuführen, in dem die Änderung eingetreten ist (§ 17 Abs. 1 UStG).

FALL 12

ursprüngliche BMG: 10.000 € (§ 10 Abs. 1 Sätze 1 + 2 UStG)
neue BMG (nach Rabatt- und Skontoabzug): **8.820 €** (§ 10 Abs. 1 Satz 1 + 2 UStG):

Barzahlung	10.495,80 €	: 1,19	=
- USt	- 1.675,80 €		
Entgelt	**8.820,00 €**	◄	

Hinweis:

Sollte die Änderung der BMG in einem anderen Voranmeldungszeitraum eintreten, so ist die Berichtigung (BMG: - 1.180 €; USt: - 224,60 €) in dem Voranmeldungszeitraum durchzuführen, in dem die Änderung eingetreten ist (§ 17 Abs. 1 UStG).

FALL 13

a) ursprüngliche BMG: 15.750 € (§ 10 Abs. 1 Sätze 1 + 2 UStG)
neue BMG (nach Preisnachlass): **15.000 €** (§ 10 Abs. 1 Sätze 1 + 2 UStG)

b) U und A müssen die **Maschinenlieferung** in ihrer USt-Voranmeldung **November 2025** angeben. Bei U steigt die USt-Zahllast um 2.992,50 €, während bei A die USt-Zahllast um 2.992,50 € (Vorsteuerabzug) sinkt.
U und A müssen den **Preisnachlass** in ihrer USt-Voranmeldung **Februar 2026** angeben. Die Änderung der BMG ist erst im Voranmeldungszeitraum der tatsächlichen Realisation zu berücksichtigen. Bei U sinkt die USt-Zahllast aufgrund der reduzierten BMG um 142,50 €, während bei A die USt-Zahllast aufgrund des gesunkenen Vorsteuerabzugs um 142,50 € steigt.

Hinweis:

Die Problematik der zeitlichen Berücksichtigung einer Änderung der Bemessungsgrundlage ist auch im Rahmen von Jahresabschlussarbeiten zu beachten. Z.B. sind Umsatzrückvergütungen (Boni) an Kunden mit hohen Einkäufen im abgelaufenen Geschäftsjahr bereits im Jahresabschluss des abgelaufenen Geschäftsjahres zu berücksichtigen, da der Kundenanspruch auf den Bonus i.d.R. zum 31. Dezember entstanden ist. Die umsatzsteuerlichen Folgen treten hingegen erst im Folgejahr ein, wenn der Kunde den Bonus tatsächlich erhält (vgl. hierzu auch BFH-Urteil vom 18.09.2008, BStBl. 2009 II S. 250).

FALL 14

ursprüngliche BMG: 7.700 € (§ 10 Abs. 1 Satz 1 + 2 UStG)
neue BMG (nach Teilausfall): **2.300 €** (§ 10 Abs. 1 Satz 1 + 2 UStG)

Hinweis:

Sollte die Änderung der BMG in einem anderen Voranmeldungszeitraum eintreten, so ist die Berichtigung (BMG: - 5.400 €; USt: - 1.026 €) in dem Voranmeldungszeitraum durchzuführen, in dem die Änderung eingetreten ist (§ 17 Abs. 1 UStG).

FALL 15

Fallbesonderheit:

Die **Verzugszinsen** stellen einen **echten Schadenersatz** dar (Abschn. 1.3 Abs. 6 Satz 3 UStAE), d.h., sie stellen **kein Entgelt** für eine Leistung dar.

Das ursprüngliche steuerpflichtige Entgelt von **9.000 €** (10.710 € : 1,19) ändert sich **nicht** durch die Berechnung von Verzugszinsen (§ 10 Abs. 1 Satz 1 + 2 UStG).

Zusammenfassende Erfolgskontrolle zum 1. bis 8. Kapitel

Tz.	Umsatzart nach § 1 i.V.m. § 3 UStG	Ort des Umsatzes	**nstb.** €	**stb.** €	**stfr.** €	**stpfl.** €
1.	Lieferung (§ 1 Abs. 1 Nr. 1/§ 3 Abs. 1)	Dachau (§ 3 Abs. 6)		448.700	—	448.700
2.	i.g. Lieferung (§ 1 Abs. 1 Nr. 1/§ 3 Abs. 1/§ 6a)	Dachau (§ 3 Abs. 6)		14.450	14.450 (§ 4 Nr. 1b)	—
3.	unentgelt. Lieferung (§ 1 Abs. 1 Nr. 1 i.V.m. § 3 Abs. 1b Satz 1 **Nr. 1**)	Dachau (§ 3 Abs. 6)		240	—	240
4.	Lief./Ausfuhr (§ 1 Abs. 1 Nr. 1/§ 3 Abs. 1/§ 6)	Dachau (§ 3 Abs. 6)		11.150	11.150 (§ 4 Nr. 1a)	—
5.	unentgelt. Lieferung (§ 1 Abs. 1 Nr. 1 i.V.m. § 3 Abs. 1b Satz 1 **Nr. 2**)	Dachau (§ 3 Abs. 6)		60	—	60
6.	Lieferung (§ 1 Abs. 1 Nr. 1 i.V.m. § 3 Abs. 1)	Dachau (§ 3 Abs. 6)		2.400	—	2.400
7.	unentgelt. Lieferung (§ 1 Abs. 1 Nr. 1 i.V.m. § 3 Abs. 1b Satz 1 **Nr. 1**)	Dachau (§ 3 Abs. 6)		450	—	450
8.	Änderung der BMG (§ 17 Abs. 2 Nr. 3)	Dachau (§ 3 Abs. 6)		- 900	—	- 900
9.	echter Schadenersatz	—	15.800	—	—	—
10	i.g. Erwerb (§ 1a Abs. 1 i.V.m. § 1 Abs. 1 Nr. 5) VoSt-Abzug in gleicher Höhe (§ 15 Abs. 1 Nr. 3)	Dachau (§ 3d)		22.000	—	22.000
11	Änderung der BMG (§ 17 Abs. 2 Nr. 1)	Dachau (§ 3 Abs. 6)		- 3.500		- 3.500
12	sonstige Leistung (§ 1 Abs. 1 Nr. 1 i.V.m. § 3 Abs. 9/Option § 9)	München (§ 3a Abs. 3 Nr. 1)				
	EG			1.900	—	1.900
	1. OG			1.450	—	1.450
	2. OG			1.740	1.740 (§ 4 Nr. 12)	—
	3. OG		1.200	—	—	—

9 Steuersätze

FALL 1

SV	Sachverhaltserläuterung	Umsatz (€) 19 %
a)	steuerpflichtige sonstige Leistung	20.000
b)	Gerichtskostenvorschüsse = durchlaufender Posten → gehören **nicht** zum Entgelt (§ 10 Abs. 1 Satz 6 UStG/Abschn. 10.4 UStAE)	0
c)	Büroraummiete → grundsätzlich steuerfrei (§ 4 Nr. 12a UStG), Option gem. § 9 UStG (Verzicht auf Steuerfreiheit) → steuerpflichtige sonstige Leistung	840
d)	steuerpflichtige Lieferung (Hilfsgeschäft)	500
	steuerpflichtiger Umsatz/Steuersatz 19 % (§ 12 Abs. 1 UStG)	21.340

Ermittlung der Umsatzsteuer (Traglast)
19 % von 21.340 € = **4.054,60€**

FALL 2

SV	Sachverhaltserläuterung	Umsatz (€) 19 %	Umsatz (€) 7 %
a)	Restaurationsumsätze (**s. L.**)/§ 12 Abs. 2 Nr. 15 UStG		300.000
b)	**keine** Restaurationsumsätze (**Lief**.)/Speisen der Anlage 2 zu § 12 Abs. 2 Nr. 1 UStG = begünstigte Lebensmittel		7.000
c)	Alkohol ≠ begünstigtes Lebensmittel/§ 12 Abs. 1 UStG	100.000	
d)	Fruchtsäfte ≠ begünstigtes Lebensmittel/§ 12 Abs. 1 UStG (vgl. Nr. 32 der Anlage 2 zu § 12 Abs. 2 UStG)	11.000	
e)	Milch = begünstigtes Lebensmittel/§ 12 Abs. 2 Nr. 1 UStG i. V. m. Nr. 4 der Anlage 2 zu § 12 Abs. 2 UStG		1.000
f)	nicht begünstigte entgeltliche s. L./§ 12 Abs. 1 UStG	2.600	
g)	nstb./Abschn. 3.4 Abs. 4 Satz 4 + 5 UStAE	—	—
h)	Restaurationsumsätze (**s. L.**)/§ 12 Abs. 2 Nr. 15 UStG		2.500
	steuerpfl. Umsatz/§ 12 Abs. 1, Abs. 2 Nr. 15 UStG	**113.600**	
	steuerpfl. Umsatz/§ 12 Abs. 2 Nrn. 1, 15 UStG)		**310.500**

Ermittlung der Umsatzsteuer (Traglast)
19 % von 113.600 € **21.584€**
7 % von 310.500 € **21.735€**

FALL 3

SV	Sachverhaltserläuterung	Umsatz (€) 19 %	Umsatz (€) 7 %
a)	Backwaren = begünstigtes Lebensmittel/§ 12 Abs. 2 Nr. 1 UStG i. V. m. Nr. 31 der Anlage 2 zu § 12 Abs. 2 UStG		100.000
b)	Fleisch = begünstigtes Lebensmittel/§ 12 Abs. 2 Nr. 1 UStG i. V. m. Nr. 2 der Anlage 2 zu § 12 Abs. 2 UStG		250.000
c)	Textilien ≠ begünstigte Gegenstände/§ 12 Abs. 1 UStG	100.000	
d)	sonstige Lebensmittel der Anlage 2 zu § 12 Abs. 2 Nr. 1 UStG = begünstigte Lebensmittel		350.000
e)	Restaurationsumsätze (**s. L.**)/§ 12 Abs. 2 Nr. 15 UStG		210.000
f)	Restaurationsumsätze (**s. L.**)/§ 12 Abs. 2 Nr. 15 UStG	90.000	
f)	kein Leistungsaustausch Abschn. 1 Abs. 1 + Abschn. 2.7 Abs. 1 Satz 3 UStAE/Innenumsatz/nstb.	—	—
g)	stfr. Wohnungsvermietung/§ 4 Nr. 12a UStG	—	—
	steuerpfl. Umsatz/§ 12 Abs. 1, Abs. 2 Nr. 15 UStG	**190.000**	
	steuerpfl. Umsatz/§ 12 Abs. 2 Nrn. 1, 15 UStG)		**910.000**

Ermittlung der Umsatzsteuer (Traglast)

19 % von 190.000 €	**36.100 €**
7 % von 910.000 €	**63.700 €**

FALL 4

SV	Sachverhaltserläuterung	Umsatz (€) 19 %	Umsatz (€) 7 %
I.	**Einzelhandelsgeschäft**		
a)	Fleisch = begünstigtes Lebensmittel/§ 12 Abs. 2 Nr. 1 UStG i.V.m. Nr. 2 der Anlage 2 zu § 12 Abs. 2 UStG		80.000
b)	sonstige Lebensmittel der Anlage 2 zu § 12 Abs. 2 Nr. 1 UStG = begünstigte Lebensmittel		120.000
c)	nicht begünstigte Waren/§ 12 Abs. 1 UStG	280.000	
d)	kein Leistungsaustausch Abschn. 1.1 Abs. 1 + Abschn. 2.7 Abs. 1 Satz 3 UStAE/Innenumsatz/nstb.	—	—
e)	sonstige Lebensmittel der Anlage 2 zu § 12 Abs. 2 Nr. 1 UStG = begünstigte Lebensmittel		200
f)	nstb./Abschn. 3.4 Abs. 4 Satz 4 + 5 UStAE	—	—
II.	**Hotel und Restaurant**		
a)	stpfl. s. L. (§ 4 Nr. 12 Satz 2 UStG) / § 12 Abs. 2 Nr. 11		66.000
b)	Restaurationsumsätze (**s. L.**)/§ 12 Abs. 2 Nr. 15 UStG		160.000
c)	Restaurationsumsätze (**s. L.**)/§ 12 Abs. 2 Nr. 15 UStG	120.000	
d)	nicht begünstigte Gegenstandsentn./§ 12 Abs. 1 UStG	5.000	
	steuerpflichtiger Umsatz/§ 12 Abs. 1 UStG	**405.000**	
	steuerpflichtiger Umsatz/§ 12 Abs. 2 Nr. 1 UStG)		**426.200**

Ermittlung der Umsatzsteuer (Traglast)

19 % von 405.000 €	**76.950 €**
7 % von 426.200 €	**29.834 €**

FALL 5

SV	Sachverhaltserläuterung	Steuersatz 19 %	Steuersatz 7 %
1.	Taxifahrt innerhalb einer Gemeinde/ § 12 Abs. 2 Nr. 10 b) aa) UStG		x
2.	Taxifahrt innerhalb eine Gemeinde/ § 12 Abs. 2 Nr. 10 a) UStG [innerhalb einer Gemeinde ohne Kilometerbeschränkung]		x
3.	Taxifahrt zwischen zwei Gemeinden > 50 km/ § 12 Abs. 2 Nr. 10 UStG greift nicht, d.h., es gilt § 12 Abs. 1 UStG	x	
4.	Funkmietwagen = nicht begünstigtes Verkehrsmittel/ Abschn. 12.13 Abs. 8 UStAE/§ 12 Abs. 1 UStG	x	
5.	Bahnfahrt zwischen zwei Gemeinden = begünstigtes Verkehrsmittel ohne Beförderungsgrenzen/ § 12 Abs. 2 Nr. 10 b) UStG		x
6.	zwei getrennte Busfahrten zwischen zwei Gemeinden mit jeweils < 50 km/§ 12 Abs. 2 Nr. 10 b) UStG/ Abschn. 12.14 Abs. 3 Satz 6 UStAE		x

FALL 6

Tz.	Vorgang	Beurteilung
1.	Umsatzart	innergemeinschaftlicher Erwerb/§ 1a Abs. 1 UStG
2.	Ort des Umsatzes	Koblenz/§ 3d Satz 1 UStG
3.	Steuerbarkeit	steuerbar/§ 1 Abs. 1 Nr. 5 i.V.m. § 3d Satz 1 UStG
4.	Steuerbefreiung	nein
5.	Bemessungsgrundlage in €	Entgelt/§ 10 Abs. 1 Satz 1 UStG = 4.200 €
6.	Höhe der Umsatzsteuer in €	798 € (19 % von 4.200 €/§ 12 Abs. 1 UStG)
7.	Höhe der Vorsteuer in €	798 € (§ 15 Abs. 1 Nr. 3 UStG)

FALL 7

Es handelt sich um eine steuerbare Lieferung gem. § 1 Abs. 1 Nr. 1 i.V.m. § 3 Abs. 6 UStG. Die Umsatzsteuer beträgt **2.280 €** (14.280 € : 1,19 = 12.000 €; 12.000 € x **19 %** = 2.280 €).

Hinweis:

Der ermäßigte Steuersatz von 7 % auf Pferde wurde ab 01.07.2012 aufgehoben (siehe auch EuGH v. 12.05.2012, C-453/09).

Zusammenfassende Erfolgskontrolle zum 1. bis 9. Kapitel

Tz.	Umsatzart nach § 1 i. V. m. § 3 UStG	nstb. €	steuerbar €	steuerfrei €	steuerpflichtig 19 % €	7 % €
1.	Lieferung (§ 1 Abs. 1 Nr. 1/§ 3 Abs. 1)		210.000	—		210.000
2.	Lieferung (§ 1 Abs. 1 Nr. 1/§ 3 Abs. 1)		228.000	—	228.000	
3.	Lieferung (§ 1 Abs. 1 Nr. 1/§ 3 Abs. 1)		60.000	—		60.000
4.	Lieferung (§ 1 Abs. 1 Nr. 1/§ 3 Abs. 1)		15.000	—	15.000	
5.	kein Umsatz (Abschnitt 3.4 Abs. 4 Satz 4 UStAE)	180	—	—	—	—
6.	unentgelt. sonst. L. (§ 1 Abs. 1 Nr. 1 i. V. m. § 3 Abs. 9a Nr. 1)		800*	—	800	
	kein Umsatz (Abschnitt 10.6 Abs. 3 Satz 5 UStAE)	200	—	—	—	—
7.	Lieferung (§ 1 Abs. 1 Nr. 1/§ 3 Abs. 1)		10.000	10.000 (§ 4 Nr. 1a)	—	—
8.	keine Besteuerung für Fahrten zwischen Wohnung und Betriebsstätte.					
9.	unentgeltl. L. (§ 1 Abs.1 Nr. 1/§ 3 Abs. 1b Satz 1 Nr. 1)		11.800	—	11.800	
10.	Verzugszinsen sind kein Umsatz (Schadenersatz)	19,33	—	—	—	—
	Summe der steuerpflichtigen Umsätze				255.600	270.000

Umsatzsteuer (Traglast)

19 % von 255.600 € =	48.564 €
7 % von 270.000 € =	18.900 €
	67.464 €

* **zu 6.** 1 % von 100.000 € = 1.000 €; 20 % Abschlag: 1.000 € x 20 % = 200 €; 1.000 € - 200 € = 800 €

10 Besteuerungsverfahren

SV	Lösung
a)	Einen Monat nach Eingang der Erklärung beim Finanzamt (06. April 2026). Letzter Tag der Schonfrist ist der 9. April 2026 (§ 18 Abs. 4 Satz 1 UStG)
b)	• Erstattung durch das Finanzamt (ohne Antrag) [Hinweis: Die Abgabe einer Steueranmeldung führt grundsätzlich automatisch zu einer Steuerfestsetzung unter dem Vorbehalt der Nachprüfung (§ 168 Satz 1 AO). Das Finanzamt übernimmt die in der Steueranmeldung angegebenen Werte zunächst ohne Überprüfung. Ein gesonderter Steuerbescheid ist nicht erforderlich]. Im Falle einer Steuererstattung kommt es jedoch erst mit Zustimmung der Finanzverwaltung zu einer Steuerfestsetzung unter dem Vorbehalt der Nachprüfung (§ 168 Satz 2 AO/Zustimmung kann formlos erfolgen). Die Fälligkeit des Erstattungsanspruchs tritt mit Zustimmung des Finanzamts ein (§ 220 Abs. 2 Satz 2 AO). • Verrechnung mit anderen Steuerschulden (Angabe der Verrechnungswünsche - vgl. auch Zeile 20, Kz. 129, Umsatzsteuererklärung 2025)
c)	bis spätestens 10. März 2026 (§ 18 Abs. 2 Satz 2 UStG i. V. m. § 46 UStDV)
d)	• 2026: Kalendermonat (§ 18 Abs. 2 Satz 2 UStG). • 2027: grundsätzlich **Kalendervierteljahr** (§ 18 Abs. 2 Satz 1 UStG) Das FA kann Wirth von der Abgabe der Voranmeldungen **befreien** (§ 18 Abs. 2 Satz 3 UStG - die USt-Schuld 2026 liegt unter 2.000 € - evtl. aus Sicht der Unternehmensliquidität sinnvoll, jedoch besteht die Gefahr einer hohen USt-Nachzahlung für 2027). Auf **Antrag** kann der **Kalendermonat** gewählt werden (§ 18 Abs. 2a Satz 2 UStG - sinnvoll, wenn er weiterhin mit Vorsteuerüberhängen rechnet).
e)	Die Umsatzsteuer-Voranmeldung Oktober 2026 wird auf den Seiten 68 bis 70 des Lösungsbuchs abgebildet. Zusatzfragen: 1. 699.005,90 € (Summe der Konten **4100**, **4125**, **4300**, **4400** abzüglich der Konten **4731**, **4736**) 2. 46.780,45 € (vgl. Zeile 50 der USt-Voranmeldung 2026 sowie Seite 70) 3. Montag, 10. November 2026 (§ 18 Abs. 1 Satz 1 + Abs. 2 Satz 2 UStG), ansonsten droht ein Verspätungszuschlag gem. § 152 AO. 4. Fälligkeit: Dienstag, 10. November 2026 (§ 18 Abs. 1 Satz 3 UStG)/Zahlungsschonfrist: 3 Tage (§ 240 Abs. 3 AO) → spätester Zahlungseingang: Freitag, 13. November 2026, ansonsten droht ein Säumniszuschlag gem. § 240 Abs. 1 AO.
f)	Die Sondervorauszahlung für 2026 beträgt **2.730 €** (1/11 von 30.033 €/§ 47 UStDV/Abrundung auf volle Euro vgl. Zeile 9 des Antrags auf Dauerfristverlängerung).
g)	Der Unterschiedsbetrag **zugunsten des Finanzamtes** ist am **12.06.2026** (12.05.**2026** + einen Monat) **fällig**. Frau Auras **zahlt** erst am **03.07.2026**. Wird eine fällige Steuer nicht bis zum Ablauf des Fälligkeitstages gezahlt, so hat die Steuerpflichtige einen **Säumniszuschlag** zu entrichten. Der **Säumniszuschlag** beträgt **für jeden vollen und angefangenen Monat** der Säumnis 1 % des rückständigen auf 50 Euro abgerundeten Steuerbetrags, d. h. 1 % von 2.200 € = **22 €**.

2026

Umsatzsteuer-Voranmeldung

— Eingangsstempel — **11**

	Steuernummer	Wirtschafts-Identifikationsnummer
1	22/220/2722/1	D E

30

An das Finanzamt

2 Koblenz, Postfach 709, 56007 Koblenz

Unternehmer – ggf. abweichende Firmenbezeichnung – Anschrift – Telefon – E-Mail-Adresse

3 Hugo Leitner

4 Cusanusstr. 25

5 56073 Koblenz

Voranmeldungszeitraum

	bei **monatlicher** Abgabe bitte hier ankreuzen			bei **vierteljährlicher** Abgabe bitte hier ankreuzen
6	Januar	Mai	September	I. Kalendervierteljahr
7	Februar	Juni	X Oktober	II. Kalendervierteljahr
8	März	Juli	November	III. Kalendervierteljahr
9	April	August	Dezember	IV. Kalendervierteljahr

		Kz		
10	**Berichtigte Anmeldung**	10		1 = Ja
11	**Belege** (z. B. Verträge, Rechnungen) sind beigefügt bzw. werden gesondert eingereicht	22	X	1 = Ja
12	**Wechsel von der Kleinunternehmer-Regelung (§ 19 UStG) zur Regelbesteuerung** Datum des Wechsels	70		

		Kz	Bemessungsgrundlage ohne Umsatzsteuer EUR	Kz	Steuer EUR	Ct
	A. Steuerpflichtige Lieferungen, sonstige Leistungen und unentgeltliche Wertabgaben					
	Steuerpflichtige Umsätze					
13	zum Steuersatz von 19 %	81	565.900		107.521	00
14	zum Steuersatz von 7 %	86	86.125		6.028	75
15	zum Steuersatz von 0 %	87				
16	zu anderen Steuersätzen	35		36		
17	Lieferungen land- und forstwirtschaftlicher Betriebe nach § 24 UStG an Abnehmer **mit** Umsatzsteuer-Identifikationsnummer	77				
18	Umsätze, für die eine Steuer nach § 24 UStG zu entrichten ist (Sägewerkserzeugnisse, Getränke und alkoholische Flüssigkeiten, z. B. Wein)	76		80		
	B. Steuerfreie Lieferungen, sonstige Leistungen und unentgeltliche Wertabgaben					
	Steuerfreie Umsätze mit Vorsteuerabzug					
	Innergemeinschaftliche Lieferungen (§ 4 Nummer 1 Buchstabe b UStG)					
19	an Abnehmer **mit** Umsatzsteuer-Identifikationsnummer	41				
20	neuer Fahrzeuge an Abnehmer **ohne** Umsatzsteuer-Identifikationsnummer	44	45.780			

Steuernummer	22/220/2722/1

- 2 -

Zeile		Kz	Bemessungsgrundlage ohne Umsatzsteuer EUR	Kz	Steuer EUR	Ct
21	neuer Fahrzeuge außerhalb eines Unternehmens (§ 2a UStG)	49				
22	**Weitere steuerfreie Umsätze mit Vorsteuerabzug** z. B. Ausfuhrlieferungen, Umsätze nach § 4 Nummer 2 bis 7 UStG, Umsätze nach Verordnungen der EU	43				
23	**Steuerfreie Umsätze ohne Vorsteuerabzug** z. B. Umsätze nach § 4 Nummer 8 bis 29 oder § 19 Absatz 1 UStG	48	1.200			
	C. Innergemeinschaftliche Erwerbe					
24	**Steuerfreie innergemeinschaftliche Erwerbe** von bestimmten Gegenständen und Anlagegold (§§ 4b und 25c UStG)	91				
	Steuerpflichtige innergemeinschaftliche Erwerbe					
25	zum Steuersatz von 19 %	89				
26	zum Steuersatz von 7 %	93				
27	zum Steuersatz von 0 %	90				
28	zu anderen Steuersätzen	95		98		
29	**neuer Fahrzeuge** (§ 1b Absatz 2 und 3 UStG) von Lieferern **ohne** Umsatzsteuer-Identifikationsnummer zum allgemeinen Steuersatz	94		96		
	D. Leistungsempfänger als Steuerschuldner (§ 13b UStG)					
30	Sonstige Leistungen nach § 3a Absatz 2 UStG eines im übrigen Gemeinschaftsgebiet ansässigen Unternehmers (§ 13b Absatz 1 UStG)	46		47		
31	Umsätze, die unter das GrEStG fallen (§ 13b Absatz 2 Nummer 3 UStG)	73		74		
32	Andere Leistungen (§ 13b Absatz 2 Nummer 1, 2, 4 bis 12 UStG)	84		85		
	E. Ergänzende Angaben zu Umsätzen					
33	Lieferungen des ersten Abnehmers bei **innergemeinschaftlichen Dreiecksgeschäften** (§ 25b UStG)	42				
34	Steuerpflichtige Umsätze des leistenden Unternehmers, für die der **Leistungsempfänger** die **Steuer nach § 13b Absatz 5 UStG schuldet**	60				
35	**Nicht steuerbare sonstige Leistungen** gemäß § 18b Satz 1 Nummer 2 UStG	21				
36	**Übrige nicht steuerbare Umsätze** (Leistungsort nicht im Inland)	45				
37	**Umsatzsteuer (Summe der Zeilen 13 bis 18 und 25 bis 32)**					
	F. Abziehbare Vorsteuerbeträge und Berichtigung des Vorsteuerabzugs					
38	Vorsteuerbeträge aus Rechnungen von anderen Unternehmern (§ 15 Absatz 1 Satz 1 Nummer 1 UStG), aus Leistungen im Sinne des § 27 Absatz 40a UStG und aus innergemeinschaftlichen Dreiecksgeschäften (§ 25b Absatz 5 UStG)			66	66.769	30
39	Vorsteuerbeträge aus dem innergemeinschaftlichen Erwerb von Gegenständen (§ 15 Absatz 1 Satz 1 Nummer 3 UStG)			61		
40	Entstandene Einfuhrumsatzsteuer (§ 15 Absatz 1 Satz 1 Nummer 2 UStG)			62		
41	Vorsteuerbeträge aus Leistungen im Sinne des § 13b UStG (§ 15 Absatz 1 Satz 1 Nummer 4 UStG)			67		

Steuernummer

- 3 -

Zeile		Bemessungsgrundlage ohne Umsatzsteuer EUR	Kz	Steuer EUR	Ct
42	Vorsteuerbeträge, die nach allgemeinen Durchschnittssätzen berechnet sind (§ 23a UStG)		63		
43	Vorsteuerabzug für innergemeinschaftliche Lieferungen neuer Fahrzeuge außerhalb eines Unternehmens (§ 2a UStG) sowie von Kleinunternehmern im Sinne des § 19 Absatz 1 UStG (§ 15 Absatz 4a UStG)		59		
44	Berichtigung des Vorsteuerabzugs (§ 15a UStG)		64		
45	Verbleibender Betrag (Zeile 37 abzüglich der Zeilen 38 bis 44)			46.780	45
	G. Andere Steuerbeträge				
46	Steuer infolge des Wechsels der Besteuerungsform sowie Nachsteuer auf versteuerte Anzahlungen und ähnlichem wegen Steuersatzänderung		65		
47	In Rechnungen unrichtig oder unberechtigt ausgewiesene Steuerbeträge (§ 14c UStG) sowie Steuerbeträge, die nach § 6a Absatz 4 Satz 2, § 17 Absatz 1 Satz 7, § 25b Absatz 2 UStG oder von einem Auslagerer oder Lagerhalter nach § 27 Absatz 40a UStG geschuldet werden		69		
	H. Vorauszahlung/Überschuss				
48	**Umsatzsteuer-Vorauszahlung/Überschuss (Summe der Zeilen 45 bis 47)**			46.780	45
49	**Abzug** der festgesetzten **Sondervorauszahlung** für Dauerfristverlängerung (in der Regel nur in der letzten Voranmeldung des Besteuerungszeitraums auszufüllen)		39		
50	**Verbleibende Umsatzsteuer-Vorauszahlung** **Verbleibender Überschuss** – bitte dem Betrag ein Minus voranstellen - **(Bitte in jedem Fall ausfüllen)**		83	46.780	45
	I. Ergänzende Angaben zu Minderungen nach § 17 Absatz 1 Sätze 1 und 2 in Verbindung mit Absatz 2 Nummer 1 Satz 1 UStG				
51	Minderung der Bemessungsgrundlage (in den Zeilen 13 bis 18 enthalten)	50			
52	Minderung der abziehbaren Vorsteuerbeträge (in der Zeile 38 aus Rechnungen von anderen Unternehmen (§ 15 Absatz 1 Satz 1 Nummer 1 UStG) sowie in den Zeilen 42 und 43 enthalten)		37		

J. Sonstige Angaben — 11 / 86

Ein Erstattungsbetrag wird auf das dem Finanzamt benannte Konto überwiesen, soweit der Betrag nicht mit Steuerschulden verrechnet wird.

53 **Verrechnung des Erstattungsbetrags erwünscht / Erstattungsbetrag ist abgetreten.** Geben Sie bitte die Verrechnungswünsche auf einem gesonderten Blatt an oder auf dem beim Finanzamt erhältlichen Vordruck „Verrechnungsantrag". — 29 [ ] 1 = Ja

54 Das **SEPA-Lastschriftmandat** soll ausnahmsweise (z. B. wegen Verrechnungswünschen) für diesen Voranmeldungszeitraum **nicht verwendet** werden (falls ja, bitte eine „1" eintragen). Ein ggf. verbleibender Restbetrag ist gesondert zu entrichten. — 26 [ ] 1 = Ja

Ergänzende Angaben zur Steueranmeldung

Eine Eintragung ist in Zeile 55 nur vorzunehmen, wenn einer der dort genannten Sachverhalte vorliegt. In diesem Fall erläutern Sie bitte diese Sachverhalte in den „Ergänzenden Angaben zur Steueranmeldung". Die ergänzenden Angaben werden gesondert geprüft. Dies kann die Bearbeitungsdauer verlängern. Falls Sie mit der Abgabe der Steueranmeldung lediglich Belege und Aufstellungen übermitteln, ist in Zeile 55 keine Eintragung vorzunehmen.

55 In dieser Steueranmeldung — **500** [ ]
1 = konnten steuererhebliche Sachverhalte nicht erklärt werden.
2 = wird bewusst eine von der Verwaltungsauffassung abweichende Rechtsauffassung vertreten.
3 = sollen Sachverhalte personell vertieft geprüft werden.
4 = liegen mehrere der vorgenannten Gründe vor (Mehrfachauswahl).

Hinweis: Bitte übermitteln Sie Ihre ergänzenden Angaben nur für die vorstehend genannten Sachverhalte mit einer gesonderten Anlage mit der Überschrift „**Ergänzende Angaben zur Steueranmeldung**".

Datenschutzhinweis:
Die mit der Steueranmeldung angeforderten Daten werden auf Grund der §§ 149, 150 AO und der §§ 18, 18b UStG erhoben. Die Angabe der Telefonnummer und der E-Mail-Adresse ist freiwillig. Informationen über die Verarbeitung personenbezogener Daten in der Steuerverwaltung und über Ihre Rechte nach der Datenschutz-Grundverordnung sowie über Ihre Ansprechpartner in Datenschutzfragen entnehmen Sie bitte dem allgemeinen Informationsschreiben der Finanzverwaltung. Dieses Informationsschreiben finden Sie unter www.finanzamt.de (unter der Rubrik „Datenschutz") oder erhalten Sie bei Ihrem Finanzamt.

56 4.11.2026 *Hugo Leitner*

Datum, Unterschrift

11 Entstehung der Umsatzsteuer und Steuerschuldner

FALL 1

a) mit Ablauf des Oktober 2026 (§ 13 Abs. 1 Nr. 1a UStG - Sollbesteuerung)
b) bis Dienstag, den 10. November 2026 (§ 18 Abs. 1 Satz 1 + Abs. 2 Satz 2 UStG)
c) Fälligkeit: 10. November 2026 (§ 18 Abs. 1 Satz 4 UStG)
d) spätestens 13. November 2026 (10. November + 3 Tage Schonfrist = Freitag, 13. November 2026; §§ 240 Abs. 3 AO, 108 Abs. 3 AO)

FALL 2

Entstehung mit Ablauf des **Dezember** 2026 (§ 13 Abs. 1 Nr. 1a UStG). Maßgebend ist der Zeitpunkt der Leistungsausführung. Die Versendungslieferung wird am 29. Dezember 2026 ausgeführt (Übergabe an den selbständigen Dritten, § 3 Abs. 6 Sätze 1 + 4 UStG). Rechnungserstellung und Zahlung sind im Falle der Sollbesteuerung irrelevant.

FALL 3

a) Bei der **Sollbesteuerung** entsteht die USt mit Ablauf des Voranmeldungszeitraums = **III. Kalendervierteljahr**, weil im III. Kalendervierteljahr die Lieferung **ausgeführt** wird (§ 13 Abs. 1 Nr. 1a UStG).
b) Bei der Istbesteuerung entsteht die USt mit Ablauf des Voranmeldungszeitraums = **IV. Kalendervierteljahr**, weil im IV. Kalendervierteljahr das Entgelt für die Leistung **vereinnahmt** wird (§ 13 Abs. 1 Nr. 1b UStG).

FALL 4

U kann für 2026 einen Antrag auf Besteuerung nach vereinnahmten Entgelten (Istbesteuerung) stellen, weil im vorangegangenen Kalenderjahr (2025) der Gesamtumsatz nicht mehr als 800.000 Euro betragen hat (§ 20 Satz 1 Nr. 1 UStG).

FALL 5

a) **Anzahlung**: USt in Höhe von 7.600 € entsteht mit Ablauf des Monats **Dezember** 2026 (§ 13 Abs. 1 Nr. 1a Satz 4 UStG - Mindest-Istbesteuerung).
   Restzahlung: USt in Höhe von 22.800 € entsteht mit Ablauf des Monats **Februar** 2027 (§ 13 Abs. 1 Nr. 1a Satz 1 UStG - Sollbesteuerung).
b) **Anzahlung**: USt ist am 11. Januar 2027 (Montag) fällig (§ 18 Abs. 1 Satz 4 UStG). Zahlungseingang bei der Finanzkasse spätestens **14. Januar** 2027 (Donnerstag)
   Restzahlung: USt ist am 10. März 2027 (Mittwoch) fällig. Zahlungseingang bei der Finanzkasse spätestens **15. März 2027** (Montag)

FALL 6

a) Die USt in Höhe von 855 € entsteht mit Ablauf des Monats August 2026 (§ 13 Abs. 1 Nr. 1a Satz 4 UStG - Mindest-Istbesteuerung).
b) Die USt ist am 10. September 2026 (Donnerstag) fällig. Zahlungseingang bei der Finanzkasse spätestens 14. September 2026 (Montag).

FALL 7

a) mit Ablauf des Monats Mai 2026 (§ 13 Abs. 1 Nr. 2 UStG - Monatszahler)
b) Die USt ist am 10. Juni 2026 (Mittwoch) fällig. Zahlungseingang bei der Finanzkasse spätestens 15. Juni 2026 (Montag).

FALL 8

a) mit Ablauf des Monats Juni 2026 (II. Kalendervierteljahr/§ 13 Abs. 1 Nr. 2 UStG)
b) Die USt ist am 10. Juli 2026 (Freitag) fällig (§ 18 Abs. 1 Satz 4 UStG). Zahlungseingang bei der Finanzkasse spätestens 13. Juli 2026 (Montag).

FALL 9

a) Die USt entsteht am 4. Mai 2026 (Montag) (§ 13 Abs. 1 Nr. 3 UStG).
b) Die USt ist am 10. Juni 2026 (Mittwoch) fällig. Zahlungseingang bei der Finanzkasse spätestens am 15. Juni 2026 (Montag)

FALL 10

a) **1. Anzahlung:** USt in Höhe von 902,50 € entsteht mit Ablauf des Monats März 2026 (§ 13 Abs. 1 Nr. 1a Satz 4 UStG - Mindest-Istbesteuerung).
   2. Anzahlung: USt in Höhe von 959,50 € entsteht mit Ablauf des Monats Juli 2026 (§ 13 Abs. 1 Nr. 1a Satz 4 UStG - Mindest-Istbesteuerung).
   Restzahlung: USt in Höhe von 988,00 € entsteht mit Ablauf des Monats August 2026 (§ 13 Abs. 1 Nr. 1a Satz 1 UStG - Sollbesteuerung).
b) **1. Anzahlung:** USt ist am 10. April 2026 (Freitag) fällig. Zahlungseingang bei der Finanzkasse spätestens 13. April 2026 (Montag)
   2. Anzahlung: USt ist am 10. August 2026 (Montag) fällig (§ 18 Abs. 1 Satz 4 UStG). Zahlungseingang bei der Finanzkasse spätestens 13. August 2026 (Donnerstag)
   Restzahlung: USt ist am 10. September 2026 (Donnerstag) fällig **(beachte: Lieferung am 21. August 2026!)**.
   Zahlungseingang bei der Finanzkasse spätestens 14. September 2026 (Montag)

FALL 11

a) **1. Anzahlung:** USt in Höhe von 902,50 € entsteht mit Ablauf des Monats März 2026 (§ 13 Abs. 1 Nr. 1b UStG - Istbesteuerung).
   2. Anzahlung: USt in Höhe von 959,50 € entsteht mit Ablauf des Monats Juli 2026 (§ 13 Abs. 1 Nr. 1b UStG - Istbesteuerung).
   Restzahlung: USt in Höhe von 988,00 € entsteht mit Ablauf des Monats November 2026 (§ 13 Abs. 1 Nr. 1b UStG - Istbesteuerung).

1. Anzahlung: USt ist am 10. April 2026 (Freitag) fällig.
   Zahlungseingang bei der Finanzkasse spätestens 13. April 2026 (Montag)
   2. Anzahlung: USt ist am 10. August 2026 (Montag) fällig (§ 18 Abs. 1 Satz 4 UStG). Zahlungseingang bei der Finanzkasse spätestens 13. August 2026 (Donnerstag)
   Restzahlung: USt ist am 10. Dezember 2026 (Donnerstag) fällig (§ 18 Abs. 1 Satz 4 UStG).
   Zahlungseingang bei der Finanzkasse spätestens 14. Dezember 2026 (Montag)

FALL 12

Sowohl die gesetzlich geschuldete Umsatzsteuer in Höhe von **14 €** (7 % von 200 €) als auch der nach § 14c Abs. 1 Satz 1 UStG geschuldete Mehrbetrag von **24 €** (38 € - 14 €) entstehen mit Ablauf des Voranmeldungszeitraums Januar 2026.

FALL 13

a) Die USt entsteht mit Ablauf des Monats August 2026 (§ 13 Abs. 1 Nr. 6 UStG).
b) Steuerschuldner ist der deutsche Unternehmer A (§ 13a Abs. 1 Nr. 2 UStG).
A muss den innergemeinschaftlichen Erwerb in seiner USt-Voranmeldung (Zeile 25; Kennzahl 89) angeben.
c) Die USt ist am 10. September 2026 (Donnerstag) fällig. Zahlungseingang bei der Finanzkasse spätestens 14. September 2026 (Montag)

FALL 14

a) Die USt entsteht am Tag des Erwerbs 23. Februar 2026 (§ 13 Abs. 1 Nr. 7 UStG).
b) Steuerschuldner ist der deutsche Privatmann P (§ 13a Abs. 1 Nr. 2 UStG). P muss für diesen innergemeinschaftlichen Erwerb eine Umsatzsteuererklärung (Fahrzeugeinzelbesteuerung) abgeben. Abgabe dieser Erklärung bis zum 10. Tag nach dem Erwerb (§ 18 Abs. 5a Satz 1 UStG) → 4. März 2026 (Mittwoch)
c) Die USt ist am 4. März 2026 (Mittwoch) fällig (§ 18 Abs. 5a Satz 4 UStG). Zahlungseingang bei der Finanzkasse spätestens 9. März 2026 (Montag).

FALL 15

a) Die USt entsteht am 29.12.2026 (mit Ausstellung der Rechnung, § 13b Abs. 2 Satz 1 **Nr. 1** UStG).
b) Steuerschuldner ist der deutsche Bauunternehmer U als Leistungsempfänger (§ 13b Abs. 5 **Satz 1** UStG).
c) Die USt ist am 11.01.2027 (Montag) fällig (§ 18 Abs. 1 Satz 4 UStG). Zahlungseingang bei der Finanzkasse spätestens 14. Januar 2027 (Donnerstag).

FALL 16

a) Die USt entsteht mit Ablauf des Monats März 2026 (§ 13b Abs. 1 UStG).
b) Steuerschuldner ist der deutsche Bauunternehmer U als Leistungsempfänger (§ 13b Abs. 5 Satz 1 UStG).
c) Die USt ist am 10. April 2026 (Freitag) fällig.
Zahlungseingang bei der Finanzkasse spätestens 13. April 2026 (Montag).

FALL 17

a) Die USt entsteht mit Ablauf des Monats Januar 2027 (mit Ausstellung der Rechnung, **spätestens** jedoch mit Ablauf des der Ausführung der Werklieferung folgenden Kalendermonats § 13b Abs. 2 Satz 1 **Nr. 4** UStG).
b) Steuerschuldner ist der Bauunternehmer U als Leistungsempfänger (§ 13b Abs. 5 **Satz 2** UStG).
c) Die USt ist am 10. Februar 2027 (Mittwoch) fällig (§ 18 Abs. 1 Satz 4 UStG).
Zahlungseingang bei der Finanzkasse spätestens 15. Februar 2027 (Montag).

FALL 18

a) Wie Fall 17, jedoch greift § 13b Abs. 2 Satz 1 **Nr. 1** UStG. Es handelt sich um eine Werkleistung eines im **Ausland** ansässigen Unternehmers. § 13b Abs. 1 UStG greift nicht, da der Ort gem. § 3a Abs. 3 Nr. 1 UStG zu bestimmen ist und nicht nach § 3a Abs. 2 UStG.
b) Wie Fall 17, jedoch greift § 13b Abs. 5 **Satz 1** UStG.
c) Wie Fall 17.

Zusammenfassende Erfolgskontrolle zum 1. bis 11. Kapitel

Tz.	Umsatzart nach § 1 i.V.m. § 3 UStG	nstb. €	stb. €	stfr. €	steuerpflichtig 19 % €	7 % €
1.	Lieferung (§ 1 Abs. 1 Nr. 1 i.V.m. § 3 Abs. 1)		240.000	—	240.000	
2.	Lieferung (§ 1 Abs. 1 Nr. 1 i.V.m. § 3 Abs. 1)		110.000	—	110.000	
3.	unentgelt. L. (§ 1 Abs. 1 Nr. 1 i.V.m. § 3 Abs. 1b Satz 1 Nr. 1)		30.000	—	30.000	
4.	unentgelt. s.L. (§ 1 Abs. 1 Nr. 1 i.V.m. § 3 Abs. 9a Nr. 2)		2.000	—	2.000	
5.	Lieferung/Ausfuhr (§ 1 Abs. 1 Nr. 1 i.V.m. § 3 Abs. 1 und § 6)		5.000	5.000 (§ 4 Nr. 1a)	—	—
6.	unentgelt. s. L. (§ 1 Abs. 1 Nr. 1 i.V.m. § 3 Abs. 9a Nr. 1)		600	—	600	
	kein Umsatz (Abschn. 10.6 Abs. 3 UStAE)	300	—	—	—	—
7.	Lieferung (§ 1 Abs. 1 Nr. 1 i.V.m. § 3 Abs. 1)		6.000	—	6.000	
	kein Umsatz (kein Unternehmensgegenstand)	5.800	—	—	—	—
8.	kein Umsatz (Abschnitt 3.4 Abs. 4 Satz 4 UStAE)	100	—	—	—	—
9.	i.g. Lieferung (§ 1 Abs. 1 Nr. 1 i.V.m. § 3 Abs. 1 und § 6a)		7.000	7.000 (§ 4 Nr. 1b)	—	—
10.	Lieferung/Ausfuhr (§ 1 Abs. 1 Nr. 1 i.V.m. § 3 Abs. 1 und § 6)		8.000	8.000 (§ 4 Nr. 1a)	—	—
11.	sonst. L. (§ 1 Abs. 1 Nr. 1 i.V.m. § 3 Abs. 9)		1.000	1.000 (§ 4 Nr. 12)	—	—
	Summe der steuerpflichtigen Umsätze				388.600	—
x	Steuersatz 19 %					
=	**Umsatzsteuer** (Traglast)				**73.834**	

12 Ausstellen von Rechnungen

FALL 1

USt-Id. Nr. DE 148768111
BUCHHANDLUNG
reuffel
INHABER EBERHARD DUCHSTEIN
Löhrstraße 92, 56068 Koblenz

Rechnung Nr. 14/788 Ausstellungsdatum: 14.10.2026

Buchhandlung Reuffel-Postfach 201265-56012 Koblenz

Herrn
Steuerberater Werner Wimmer
Löhrstr. 45

56068 Koblenz

Wir lieferten Ihnen am 14.10.2026:

Bornhofen, Steuerlehre 2, 46. Auflage 2025	26,16 EUR
Bornhofen, Buchführung 2, 37. Auflage 2025	26,16 EUR
Bornhofen, Steuerlehre 1, 47. Auflage 2026	26,16 EUR
Bornhofen, Buchführung 1, 38. Auflage 2026	26,16 EUR
	104,64 EUR
+ 7 % USt	7,32 EUR
Rechnungsbetrag	**111,96 EUR**

FALL 2

Endrechung (Abschn. 14.8 Abs. 7 + 8 UStAE):

Entgelt der gesamten Leistung		175.000 €
zuzüglich 19 % USt =		33.250 €
Bruttobetrag		208.250 €
abzüglich Anzahlung	83.000 €	
zuzüglich 19 % USt	15.770 €	- 98.770 €
Restzahlung		109.480 €

Die **USt entsteht** für die **1. Abschlagszahlung** mit Ablauf **August 2026**.

Die **USt entsteht** für die **2. Abschlagszahlung** mit Ablauf **September 2026.**

Die **USt entsteht** für die **3. Abschlagszahlung** mit Ablauf **Oktober 2026.**

(Abschlagszahlungen: Mindest-Istbesteuerung gem. § 13 Abs. 1 Nr. 1a Satz 4 UStG)

Die **USt entsteht** für die **Restzahlung** mit Ablauf des Monats **Dezember 2026**, weil im Voranmeldungszeitraum Dezember die Lagerhalle fertiggestellt wird (§ 13 Abs. 1 Nr. 1a Satz 1 UStG).

FALL 3

U ist berechtigt, aber nicht verpflichtet, eine den gesetzlichen Anforderungen des § 14 UStG entsprechende Rechnung auszustellen (§ 14 Abs. 2 Satz 1 Nr. 2 UStG).

FALL 4

Da P keine Unternehmereigenschaft i.S.d. § 2 UStG besitzt, darf er keine Rechnung mit gesondertem Steuerausweis ausstellen (unberechtigter Steuerausweis gem. § 14c Abs. 2 UStG). P schuldet den unberechtigt ausgewiesenen Steuerbetrag in Höhe von 760 € (Hinweis: P erhält faktisch nur 4.000 € für seine Truhe, obwohl er evtl. 4.760 € haben wollte). Diese negative Folge kann mittels Rechnungsberichtigung rückgängig gemacht werden (§ 14c Abs. 2 Sätze 3 - 5 UStG/vgl. auch Abschn. 14c.2 Abs. 3 UStAE).

FALL 5

In dem Rechnungsauszug fehlt die Angabe des Steuersatzes (§ 14 Abs. 4 Nr. 8 UStG). Außerdem weist U einen zu hohen Steuerbetrag aus. Die gesetzlich geschuldete Umsatzsteuer dieser Zahlung beträgt lediglich 38 € (19 % von 200 €). U schuldet gem. § 14c Abs. 1 Satz 1 UStG auch den Mehrbetrag in Höhe von 2 € (40 € - 38 €). Diese negative Folge kann mittels Rechnungsberichtigung rückgängig gemacht werden (§ 14c Abs. 1 Satz 2 UStG/vgl. auch Abschn. 14c.1 Abs. 5 UStAE).

FALL 6

Eine ordnungsgemäße Rechnung i.S.d. § 14 UStG liegt nicht vor (vgl. insbesondere § 14 Abs. 4). Eine Kleinbetragsrechnung i.S.d. § 33 UStDV liegt ebenfalls nicht vor, da der Bruttobetrag den maximalen Wert von 250 € übersteigt.

FALL 7

Ja, es handelt sich bei dem Kassenzettel um eine Kleinbetragsrechnung i.S.d. § 33 UStDV.

FALL 8

a) Ja, weil die Fahrkarte alle nach § 34 UStDV geforderten Angaben enthält.
b) Die Umsatzsteuer beträgt 6,74 € (103 € : 1,07 x 0,07).

FALL 9

a) Umsatzsteuer insgesamt 3,01 € (Bahn 7 % : 2,36 € und Taxi 7 % : 0,65 €)
b) Bahn: Fahrausweis, der als Rechnung gilt (§ 34 UStDV)
   Taxi: kein Fahrausweis, jedoch Kleinbetragsrechnung i.S.d. § 33 UStDV

Zusammenfassende Erfolgskontrolle zum 1. bis 12. Kapitel

Tz.	Umsatzart nach § 1 i. V. m. § 3 UStG	nstb. €	steuerbar €	steuerfrei €	steuerpflichtig 19 % €	steuerpflichtig 7 % €
1.	Lieferungen		42.200	—		42.200
2.	Lieferungen		250	—	250	
3.	Lieferungen		1.100	—		1.100
4.	kein Umsatz	37.450	—	—	—	—
5.	echter Schadenersatz	2.907	—	—	—	—
6.	unentgeltliche Lieferung Gegenstandsentnahme		200	—		200
7.	unentgeltliche Lieferung Gegenstandsentnahme		5.000	—	5.000	
8.	kein Umsatz	3.420	—	—	—	—
9.	unentgelt. sonst. L.		360	—	360	
	kein Umsatz	150	—	—	—	—
10.	sonstige Leistungen		15.200	—		15.200
11.	sonstige Leistungen		44.400	—	44.400	
12.	Mindest-Istbesteuerung		12.000	—	12.000	
13.	sonstige Leistungen		550	—	550	
14.	sonstige Leistungen		1.000	—	200	800
15.	kein Umsatz	1.400	—	—	—	—
16.	sonstige Leistungen		2.200	—	2.200	
17.	sonstige Leistungen	1.000	—	—	—	—
	Summe				64.960	59.500

Umsatzsteuer (Traglast):

19 % von 64.960 € =	12.342,40 €
7 % von 59.500 € =	4.165,00 €
	16.507,40 €

13 Vorsteuerabzug

FALL 1

Heizöl = vertretbare Sache → Aufteilung der Vorsteuer entsprechend dem unternehmerischen und dem privaten Verwendungszweck (Abschn. 15.2c Abs. 2 Nr. 1 Satz 1 UStAE). Die abziehbare Vorsteuer gem. § 15 Abs. 1 Satz 1 Nr. 1 UStG beträgt **2.080 €** [(80 % von 2.600 € = 2.080 €) (40.000 l x 100 : 50.000 l = 80 %)].

FALL 2

A kann die Vorsteuer in Höhe von **1.520 €** für den Monat August 2026 abziehen, da in diesem Monat die Anzahlungsrechnung mit gesondertem Steuerausweis vorliegt und die Anzahlung geleistet ist (§ 15 Abs. 1 Satz 1 Nr. 1 Satz 3 UStG).
Den restlichen Vorsteuerbetrag kann er für den Monat November 2026 abziehen.

FALL 3

Tausch mit Baraufgabe (vgl. auch § 3 Abs. 12 + § 10 Abs. 2 Satz 2 UStG sowie Abschn. 10.6 UStAE). BMG Neuwagen: 17.500 € [(7.140 € + 13.685 €) : 1,19]
Die abziehbare Vorsteuer gem. § 15 Abs. 1 Satz 1 Nr. 1 UStG beträgt **3.325 €** (19 % von 17.500 €).

FALL 4

A schuldet den Zoll und die Einfuhrumsatzsteuer.
Die abziehbare Vorsteuer gem. § 15 Abs. 1 Satz 1 Nr. 2 UStG beträgt **19.000 €**.
A muss die entstandene Einfuhrumsatzsteuer mittels Beleg nachweisen.

FALL 5

A schuldet die Erwerbsteuer (§ 13a Abs. 1 Nr. 2 UStG).
Die abziehbare Vorsteuer gem. § 15 Abs. 1 Satz 1 Nr. 3 UStG beträgt **950 €** (19 % von 5.000 €).

Der innergemeinschaftliche Erwerb wurde gem. § 3d **Satz 1** UStG im Inland bewirkt.

FALL 6

Der ausländische Unternehmer U erbringt in Deutschland eine Werklieferung (§ 3 Abs. 4 + Abs. 7 Satz 1 UStG).
A schuldet die Umsatzsteuer (§ 13b Abs. 2 Nr. 1 i.V.m. § 13b Abs. 5 UStG).
Die abziehbare Vorsteuer gem. § 15 Abs. 1 Satz 1 Nr. 4 UStG beträgt **28.500 €** (19 % von 150.000 €).

FALL 7

Kein Vorsteuerabzug (§ 15 Abs. 2 Nr. 1 UStG)
Die Arztleistungen sind nach § 4 Nr. 14 UStG **steuerfrei**, sofern es sich um Heilbehandlungsmaßnahmen handelt.

FALL 8

Die abziehbare Vorsteuer (§ 15 Abs. 1 Satz 1 Nr. 1 UStG) beträgt **266 €**. Der Tierarzt tätigt **keine** steuerfreien Leistungen i.S.d. § 4 Nr. 14a UStG (nur Humanmediziner).

FALL 9

Kein Vorsteuerabzug (§ 15 Abs. 2 Nr. 1 UStG)
Die private Wohnungsvermietung ist gem. § 4 Nr. 12a UStG **steuerfrei**.

FALL 10

Kein Vorsteuerabzug (§ 15 Abs. 2 Nr. 1 UStG)

FALL 11

Kein Vorsteuerabzug (§ 15 Abs. 2 Nr. 1 UStG)

FALL 12

Vorsteuerbeträge, die auf angemessene und nachgewiesene Bewirtungskosten entfallen, sind abziehbar (§ 15 Abs.1a **Satz 2** UStG).
Die abziehbare Vorsteuer beträgt **95 €** (§ 15 Abs. 1 Satz 1 Nr. 1 UStG).

FALL 13

Die abziehbare Vorsteuer gem. § 15 Abs. 1 Satz 1 Nr. 1 UStG beträgt **45.000 €**.
Die abziehbare Vorsteuer gem. § 15 Abs. 3 Nr. 1a UStG beträgt **5.700 €**.
Die Ausfuhrlieferung ist gem. § 4 Nr. 1a UStG **steuerfrei** (Ausnahme: steuerfreier Umsatz mit Vorsteuerabzug).

FALL 14

Die abziehbare Vorsteuer gem. § 15 Abs. 3 Nr. 1a UStG beträgt **7.000 €**.
Die innergemeinschaftliche Lieferung ist gem. § 4 Nr. 1b UStG **steuerfrei** (Ausnahme: steuerfreier Umsatz mit Vorsteuerabzug).

FALL 15

Die abziehbare Vorsteuer aus dem Warengeschäft beträgt gem. § 15 Abs. 1 Satz 1 Nr. 1 UStG **20.000 €**.
Als Maßstab für die Aufteilung der Vorsteuer aus der Dachreparatur dienen die Nutzflächen (Abschn. 15.17 Abs. 7 UStAE Satz 4). Gemäß § 15 Abs. 4 UStG beträgt die abziehbare Vorsteuer **2.000 €** (⅖ v. 5.000 €) und die nicht abziehbare Vorsteuer 3.000 € (⅗ v. 5.000 € → betrifft die steuerfreie Vermietung).

FALL 16

Heizöl = vertretbare Sache → Aufteilung der Vorsteuer entsprechend dem unternehmerischen und dem privaten Verwendungszweck (Abschn. 15.2c Abs. 2 Nr. 1 Satz 1 UStAE).

Die **grundsätzlich abzugsfähige unternehmerische Vorsteuer** beträgt **4.275 €** (= 90 % von 4.750 € für Fabrik + Mietwohngrundstück). Ein Teil dieses Vorsteuerbetrages entfällt jedoch auf Ausschlussumsätze (Mietwohngrundstück, ⅓ von 45.000 l).
Die **abziehbare** Vorsteuer gem. § 15 Abs. 1 Satz 1 Nr. 1 UStG beträgt **2.850 €** (⅔* von 4.275 €) (alternativ: ⅗ bzw. 60 % von 4.750 €).

* 30.000 l : 45.000 l x 100 % = 66,67 % = ⅔
kein Vorsteuerabzug gem. § 15 Abs. 2 Nr. 1 UStG: 1.425 € (⅓ v. 4.275 €)

FALL 17

Bei einem ordnungsgemäßen Kassenbeleg handelt es sich i.d.R. um eine Kleinbetragsrechnung i.S.d. § 33 UStDV.
Die abziehbare Vorsteuer gem. § 15 Abs. 1 Satz 1 Nr. 1 UStG i.V.m. § 35 Abs. 1 UStDV beträgt **3,66 €** (56 € : 1,07 = 52,34 €; 52,34 € x 7 % = 3,66 €).

FALL 18

Bahnfahrt (7 % gem. § 12 Abs. 2 Nr. 10 Buchst. a UStG):
Fahrkarte der DB → Fahrausweis (§ 34 UStDV)
Die abziehbare Vorsteuer gem. § 15 Abs. 1 Satz 1 Nr. 1 UStG i.V.m. § 35 Abs. 2 UStDV beträgt **1,77 €** (27 € : 1,07 = 25,23 €; 25,23 € x 7 % = 1,77 €).
Taxifahrt (7 % gem. § 12 Abs. 2 Nr. 10 Buchst. a UStG):
Taxiquittung → Kleinbetragsrechnung (§ 33 UStDV)
Die abziehbare Vorsteuer gem. § 15 Abs. 1 Satz 1 Nr. 1 UStG i.V.m. § 35 Abs. 1 UStDV beträgt **0,60€** (9,20 € : 1,07 = 8,60 €; 8,60 € x 7 % = 0,60 €).

FALL 19

Die abziehbare Vorsteuer gem. § 15 Abs. 1 Satz 1 Nr. 1 UStG beträgt **95,64 €** (599 € : 1,19 x 0,19), Vorsteuerabzug aus Reisekostenpauschalen ist nicht möglich. Es muss immer eine auf den Unternehmer lautende ordnungsgemäße Rechnung vorliegen. Kleinbetragsrechnungen und Fahrausweise gelten als ordnungsgemäße Rechnungen.

Zusammenfassende Erfolgskontrolle zum 1. bis 13. Kapitel

Tz.	Umsatzart nach § 1 i. V. m. § 3 UStG	nstb. €	steuerbar €	steuerfrei €	steuerpfl. €
1.	Lieferung (§ 1 Abs. 1 Nr. 1 i. V. m. § 3 Abs. 1)		320.000	—	320.000
2.	unentgeltl. Lieferung (§ 1 Abs. 1 Nr. 1 i. V. m. § 3 Abs. 1b Satz 1 Nr. 1)		8.000	—	8.000
3.	sonstige Leistung, EG (§ 1 Abs. 1 Nr. 1 i. V. m. § 3 Abs. 9)		3.000	—	3.000
	kein Umsatz, 1. OG	1.000	—	—	—
	sonstige Leistung, 2. OG (§ 1 Abs. 1 Nr. 1 i. V. m. § 3 Abs. 9)		900	900 (§ 4 Nr. 12a)	—

			€
	Summe der steuerpflichtigen Umsätze		331.000
x	Steuersatz 19 %		
=	**Umsatzsteuer** (Traglast): (19 % von 331.000 €)		62.890
-	**abziehbare Vorsteuer**		
4.	Für den Außenanstrich des Hauses sind Vorsteuerbeträge in Höhe von 1.900 € entstanden. Die Flächen der Außenwände betragen für das Erdgeschoss 50 qm, das 1. Obergeschoss 30 qm und das 2. Obergeschoss 20 qm. 50 qm (= 50 %) entfallen auf steuerpflichtige Umsätze =	950 €	
5.	Die abziehbaren Vorsteuerbeträge der Großhandlung betragen insgesamt	14.200 €	- 15.150
=	**Umsatzsteuerschuld** (Zahllast)		**47.740**

14 Aufzeichnungspflichten

FALL 1

1. Die Trennung der Entgelte ist vom Wareneingang her unter Hinzurechnung der tatsächlichen oder üblichen Aufschläge vorzunehmen.
2.

				Entgelte EUR	Steuer EUR
	Umsatz Dez. 2025 (brutto) insgesamt		112.004 €		
-	Verkaufsentgelte zu 7 %	75.800 €			
	+ 7 % USt	5.306 €	81.106 €	75.800	5.306
	Bruttoumsatz zu 19 %		30.898 €	25.965	4.933
=	Entgelte + USt			101.765	10.239

FALL 2

1. gewogener Durchschnittsaufschlagsatz $= \frac{7.480 \times 100}{37.400} = 20\,\%$

2.

			Entgelte EUR	Steuer EUR
	Einkaufsentgelte zu 19 %	5.000 €		
+	Aufschlag 20 %	1.000 €		
	Verkaufsentgelte zu 19 %	6.000 €	6.000	
+	19 % USt	1.140 €		1.140
	Bruttoumsatz zu 19 %	7.140 €		
	Bruttoumsatz insgesamt	24.140 €		
-	Bruttoumsatz zu 19 %	7.140 €		
	Bruttoumsatz zu 7 %	17.000 €	15.888	1.112
			21.888	2.252

FALL 3

	Bruttoumsatz		123.100 €	
-	7 %-ige Umsätze:			
	Wareneingang	50.000 €		
	+ 30 %	15.000 €		
	Nettoumsatz 7 %	65.000 €		
	+ 7 % USt	4.550 €		
	Bruttoumsatz 7 %	69.550 €	- 69.550 €	
	Bruttoumsatz 19 %		53.550 €	USt
	daraus 19 % USt			8.550 €
	+ 7 % USt auf begünstigte Umsätze			4.550 €
	Umsatzsteuer (Traglast)			13.100 €
-	Vorsteuer			- 5.200 €
=	Umsatzsteuerschuld (Zahllast)			7.900 €

Zusammenfassende Erfolgskontrolle zum 1. bis 14. Kapitel

Tz.	Umsatzart nach § 1 i. V. m. § 3 UStG	nstb. Beträge	stb. Umsätze	stfr. Umsätze § 4 Nr.		steuerpfl. Umsätze 19 %
				1-7	8-28	
		€	€	€	€	€
1.	Lieferungen (Werklieferungen) sonst. L. (Werkleistungen)		154.000 15.400	— —	— —	154.000 15.400
2.	a) sonst. Leistungen (EG), Option nach § 9 UStG		1.200	—	—	1.200
	b) unentgelt. sonst. L. (1. OG) (§ 3 Abs. 9a Nr. 1 UStG)		(Altfall) 600	—	—	600
	c) Werkstatt, kein Leistungsaustausch, keine unentgeltliche s. L., kein Umsatz	800	—	—	—	—
4.	unentgeltliche sonstige Leistung kein Umsatz	 100	400 —	 —	 —	400 —
5.	echter Schadenersatz	10.000	—	—	—	—
6.	unentgeltliche Lieferung (Gegenstandsannahme)		600	—	—	600
7.	Lieferung (Werklieferung), steuerfrei nach § 4 Nr. 1a UStG		6.000	6.000	—	—
						172.200

	Umsatzsteuer (Traglast): 19 % von 172.200 € =		32.718
-	**Vorsteuer (§ 15 Abs. 1 + 4 UStG)**		
	Tz. 2	15.000 €	
	Tz. 4	3.610 €	- 18.610
=	**Umsatzsteuerschuld** (Zahllast)		**14.108**

Zusammenfassende Erfolgskontrolle zum 1. bis 15. Kapitel

Umsatzart nach § 1 i.V.m. § 3 UStG	Umsätze im Inland in € nicht steuerbar	steuerbar	steuerfrei	steuerpflichtig
a) Geschäft				
1. Lieferung		68.750	—	68.750
2. sonstige Leistung		21.375	—	21.375
3. innergemeinschaftl. Lieferungen		11.450	11.450	—
4. echter Schadenersatz	800	—	—	—
5. Ausfuhrlieferungen		20.000	20.000	—
b) Haus				
EG: sonstige Leistungen				
Miete Einzelhändler		3.000	—	3.000
1. OG: sonstige Leistungen				
Miete Steuerberater		3.000	—	3.000
2. und 3. OG: sonstige Leistungen				
Miete Privatpersonen		3.000	3.000	—
				96.125,00

Umsatzsteuer (Traglast): 19 % von 96.125 € =		18.263,75
- **Vorsteuer**		
Wareneinkauf und Kosten	8.750,00 €	
Instandsetzung EG	3.000,00 €	- 11.750,00
Umsatzsteuerschuld (Zahllast)		**6.513,75**

16 Differenzbesteuerung

FALL 1

a) umsatzsteuerliche Behandlung im Rahmen der Regelbesteuerung:
Einkauf ohne Vorsteuerabzug.
Verkauf für brutto 4.046 € → Umsatzsteuer: 646 € (4.046 : 1,19 x 0,19)

b) umsatzsteuerliche Behandlung im Rahmen der Differenzbesteuerung:

Verkaufspreis (brutto)	4.046,00 €
- Einkaufspreis (brutto)	3.000,00 €
= Bruttodifferenz	1.046,00 €
- Umsatzsteuer (19 %)	- 167,01 €
= Nettodifferenz (§ 25a Abs. 3 UStG)	**878,99 €**

Umsatzsteuervorteil bzw. Rohgewinnsteigerung: 646,00 € - 167,01 € = 479,99 €, dieser Vorteil entspricht dem fiktiv gewährten Vorsteuerabzug auf den Einkaufspreis → 3.000 € : 1,19 x 0,19 = 478,99 € (1 € Rundungsdifferenz).

FALL 2

umsatzsteuerliche Behandlung im Rahmen der Differenzbesteuerung:

Verkaufspreis (brutto)	2.690 €
- Einkaufspreis (brutto)	- 1.500 €
= Bruttodifferenz	1.190 €
- Umsatzsteuer	- 190 €
= Nettodifferenz	**1.000 €**

FALL 3

Eine **negative** Differenz hat **keine** umsatzsteuerliche Auswirkung. Bei einem **negativen** Unterschiedsbetrag beträgt die Bemessungsgrundlage **0 €** (Abschn. 25a.1 Abs. 11 Satz 3 UStAE).

17 Besteuerung der Kleinunternehmer

FALL 1

Unternehmer Stein kann **in den Jahren 1 und 2** als Kleinunternehmer i.S.d. § 19 Abs. 1 UStG behandelt werden. In den jeweils **vorangegangenen Kalenderjahren** (Jahr 1) lagen die Gesamtumsätze i.S.d. § 19 Abs. 2 UStG **nicht über 25.000 €**. Die **Umsätze des laufenden Kalenderjahres** (Jahr 1 und 2) **übersteigen nicht die 100.000-Euro-Grenze**. In Jahr 3 scheidet die Kleinunternehmereigenschaft durch den 25.000 € übersteigenden Gesamtumsatz im Vorjahr (Jahr 2) aus. In Jahr 4 scheidet die Kleinunternehmereigenschaft durch den 100.000 € übersteigenden Gesamtumsatz im laufenden Jahr (Jahr 4) aus.

FALL 2

zu 1.
Umrechnung der Brutto-Umsätze in Netto-Umsätze:

a) steuerpflichtige Lieferungen, brutto (19 %)	17.000 €
b) steuerpflichtige sonstige Leistungen, brutto (19 %)	7.000 €
c) Verkauf einer Produktionsmaschine, brutto (19 %)	5.000 €
Summe:	29.000 €

Summe steuerbarer Umsätze 2026 i.S.d. § 19 Abs. 2 UStG (29.000 € - 240 €)	28.760 €
- Umsatz aus dem Verkauf der Maschine	- 5.000 €
= Gesamtumsatz 2026 i.S.d. § 19 Abs. 2 UStG	**23.760 €**

zu 2.
Ja, und zwar

1. weil der Gesamtumsatz i.S.d. § 19 Abs. 2 UStG im Kalenderjahr 2025 25.000 € nicht übersteigt
   und
2. der Gesamtumsatz i.S.d. § 19 Abs. 2 UStG im Kalenderjahr 2026 nicht 100.000 € übersteigt.

FALL 3

zu 1.
Merkler ist 2026 **Kleinunternehmer** i.S.d. § 19 Abs. 1 UStG, weil sein Gesamtumsatz im laufenden Kalenderjahr (Erstjahr) nicht mehr als 25.000 € beträgt.

zu 2.
Ja, und zwar

1. weil der Gesamtumsatz i.S.d. § 19 Abs. 2 UStG im Kalenderjahr 2026 25.000 € nicht übersteigt
   und
2. der Gesamtumsatz i.S.d. § 19 Abs. 2 UStG im Kalenderjahr 2027 nicht 100.000 € übersteigt.

FALL 4

	steuerbare Umsätze i.S.d. § 1 Abs. 1 Nr. 1 UStG	
a)	Umsätze aus Werklieferungen u. Werkleistungen (9.282 € - 1.482 € USt)	7.800,00 €
b)	Umsatz aus der Veräußerung einer Nähmaschine (1.547 € - 247 € USt)	1.300,00 €
c)	Umsatz aus unentgeltlichen Leistungen (nicht steuerbar)	0,00 €
d)	Umsätze aus der Vermietung eines Betriebsgrundstücks	6.000,00 €
		15.100,00 €
-	steuerfreie Umsätze nach § 4 Nr. 12a UStG	- 6.000,00 €
=	Gesamtumsatz i.S.d. § 19 Abs. 2 UStG	**9.100,00 €**

FALL 5

zu 1.

	steuerbare Umsätze i.S.d. § 1 Abs. 1 Nr. 1 UStG	
a)	Umsätze aus Provisionen (11.662 € - 1.862 € USt)	9.800 €
b)	Umsätze aus der Vermietung eines Betriebsgrundstücks	12.034 €
c)	Umsatz aus dem Verkauf des betrieblichen Pkws (4.165 € - 665 € USt)	3.500 €
d)	Umsatz aus dem Verkauf des Betriebsgrundstücks	50.000 €
e)	Nicht steuerbare unentgeltliche Wertabgabe	0 €
		75.334 €
-	steuerfreie Umsätze nach § 4 Nr. 12 UStG	- 12.034 €
		63.300 €
-	steuerfreie Hilfsumsätze nach § 4 Nr. 9a UStG	- 50.000 €
=	Gesamtumsatz i.S.d. § 19 Abs. 2 UStG	**13.300 €**

zu 2.

Nein, und zwar

1. weil der Gesamtumsatz i.S.d. § 19 Abs. 2 UStG im vorangegangenen Kalenderjahr 2025 25.000 € überstiegen hat.

FALL 6

	Umsatzsteuer (Traglast): (7 % von 9.500 €)	665 €
-	abziehbare Vorsteuer	1.500 €
=	Erstattungsanspruch (Vorsteuerguthaben)	**835 €**

Die Option zur Regelbesteuerung ist hier sinnvoll, da Herr Reuter durch die Möglichkeit des Vorsteuerabzugs einen Erstattungsanspruch in Höhe von 835 € gegenüber dem Finanzamt geltend machen kann – ohne die Option wäre der Betrag verloren.

FALL 7

Finanzamt Stuttgart II
Steuernummer 95/090/2895/5
Umsatzsteuererklärung 2025

Zeile	A. Allgemeine Angaben		
	Josef Weinheim Journalist Pfeilstraße 13 70569 Stuttgart		
	C. Steuerpflichtige Lieferungen, sonstige Leistungen und unentgeltliche Wertabgaben	Bemessungs-grundlage volle €	Steuer € Ct
	Lieferungen und sonstige Leistungen zu 19 %	6.500	1.235,00
	Unentgeltliche Wertabgaben 19 %	0	0,00
	Lieferungen und sonstige Leistungen zu 7 %	17.500	1.225,00
	zu übertragen		2.460,00
	D. Abziehbare Vorsteuerbeträge		1.185,60
	F. Berechnung der zu entrichtenden Umsatzsteuer		
	Umsatzsteuer		2.460,00
	abziehbare Vorsteuerbeträge		1.185,60
	verbleibender Betrag		1.274,40
	Umsatzsteuer		1.274,40
	Vorauszahlung 2025		919,00
	Abschlusszahlung		**365,40**

Zusammenfassende Erfolgskontrolle zum 1. bis 17. Kapitel

FALL 1

	a) Sollbesteuerung	b) Istbesteuerung
1. Anzahlung April 2026 **11.305 €**	11.05.2026 **1.805 €**	11.05.2026 **1.805 €**
2. Anzahlung Juli 2026 **12.019 €**	10.08.2026 **1.919 €**	10.08.2026 **1.919 €**
Teilzahlung September 2026 **6.307 €**	Die komplette USt ist bereits mit Ablauf des August entstanden.*	12.10.2026 **1.007 €**
Lieferung August 2026 (Gesamtwert: 35.700 €)	10.09.2026 **1.976 €** (von 10.400 €*)	**0 €**
Restzahlung März 2027 **6.069 €**	Die komplette USt ist bereits mit Ablauf des August entstanden.*	12.04.2027 **969 €**
	Summe USt: 5.700 €	**5.700 €**

* Im Rahmen der Sollbesteuerung ist mit Ablauf des Liefer-Voranmeldungszeitraums „August" die gesamte USt entstanden (19 % v. 35.000 €). Hiervon abzusetzen sind die bereits mit den Anzahlungen entstandenen und vorausgezahlten USt-Beträge (1.805 € + 1.919 €). Somit entsteht mit Ablauf des August der noch offene USt-Betrag i. H. v. 1.976 € (5.700 € - 1.805 € - 1.919 €). Die Teilzahlung hat auf die Entstehung der USt im Rahmen der Sollbesteuerung keinen Einfluss, da sie nach der Lieferung geleistet wird.

FALL 2

	Rechnung 1	Rechnung 2
a) Umsatzsteuerschuld	**2.000,00 €** (1.900 € gesetzliche USt + 100 € Mehrbetrag gem. § 14c Abs. 1 Satz 1 UStG) Berichtigungsmöglichkeit (Abschn. 14c.1 Abs. 5 UStAE)	**1.788,24 €** (15,97 % von 11.200 €) Berichtigungsmöglichkeit (Abschn. 14c.1 Abs. 9 UStAE)
b) Vorsteuer	**1.900 €** (Abschn. 15.2 UStAE)	**1.200 €** (Abschn. 14c.1 Abs. 9 UStAE)

FALL 3

Vorgang	Art des Umsatzes	Ort des Umsatzes	steuerbar	steuerpflichtig	Steuersatz
a) USt-Erklärung	kein Umsatz	—	**nein** (keine unentgelt. s. L., weil unternehmerischer Zweck)	—	—
ESt-Erklärung	unentgelt. s. L. (§ 1 Abs. 1 Nr. 1/§ 3 Abs. 9a Nr. 2 UStG)	Koblenz (§ 3a Abs. 1 UStG)	**ja**	**ja**	19 %*
b) Maschinenlieferung in die Schweiz	Lieferung (§ 1 Abs. 1 Nr. 1/§ 3 Abs. 1 UStG)	Freiburg (§ 3 Abs. 6 UStG)	**ja**	**nein****	—
c) Bauzeichnung	sonstige Leistung (§ 1 Abs. 1 Nr. 1/§ 3 Abs. 9 UStG)	Helgoland (§ 3a Abs. 3 Nr. 1c UStG)	**nein**	—	—
d) Pkw-Nutzung	unentgelt. s. L. (§ 1 Abs. 1 Nr. 1/ § 3 Abs. 9a Nr. 1 UStG)	Trier (§ 3a Abs. 1 UStG)	**ja**	**ja**	19 %
e) Maschinentransport nach Frankreich	sonstige Leistung (§ 1 Abs. 1 Nr. 1, § 3 Abs. 9 UStG)	Saarbrücken (§ 3a Abs. 2 UStG)***	**ja**	**ja**	19 %

* Schwierigkeiten bereitet die Feststellung der Bemessungsgrundlage. Der Wert der eigenen Leistung gehört nicht dazu.

** Steuerfreie Ausfuhr (§ 4 Nr. 1a UStG). Die Transportleistung teilt das Schicksal der Lieferung.

*** Kein Fall des § 3b Abs. 3 UStG, da B2B-Fall vorliegt.

Prüfungsfälle: Umsatzsteuer

PRÜFUNGSFALL 1

Tz.	Sachverhaltsbeurteilung	nstb.	Umsätze im Inland in € steuerbar	steuerfrei	steuerpfl.
1.	Lief. § 3 Abs. 1, Ort: Bonn § 3 Abs. 6, stb. § 1 Abs. 1 Nr. 1, 19 % § 12 Abs. 1, BMG § 10 Abs. 1		63.500	—	63.500
2.	Lief. § 3 Abs. 1, Ort: Bonn § 3 Abs. 6, stb. § 1 Abs. 1 Nr. 1, 19 % § 12 Abs. 1, BMG § 10 Abs. 1		460.000	—	460.000
3.	Lief. § 3 Abs. 1, innergem. Lief. § 6a Abs. 1, Ort: Bonn § 3 Abs. 6, stb. § 1 Abs. 1 Nr. 1, stfr. § 4 Nr. 1 Buchst. b)		70.000	70.000	—
4.	Lief. § 3 Abs. 1 (verbilligte Abgabe an Personal), Ort: Bonn § 3 Abs. 6, stb. § 1 Abs. 1 Nr. 1, 19 % § 12 Abs. 1, BMG: Prüfung der Mindest-BMG: • § 10 Abs. 1: 500 € • § 10 Abs. 5 Nr. 2 i. V. m. § 10 Abs. 4 Nr. 1: 450 € → § 10 Abs. 1: 500 €		500	—	500
5.	• **Mitarbeiter**: keine stb. unentgeltliche Wertabgabe § 3 Abs. 1b Nr. 2, Aufmerksamkeit (Bruttowert: 59,50 €),	50	—	—	—
	• **Kunde**: Geschenk von geringem Wert (Nettowert: 50 €), keine stb. unentgeltliche Wertabgabe § 3 Abs. 1b Nr. 3, keine VoSt-Korrektur gem. § 17 Abs. 2 Nr. 5, Abschn. 3.3 Abs. 11 UStAE, nstb.	50	—	—	—
6.	Vorsteuer! Beachte Tz. 7 e)				
7.	Vermietung = s. Leist. § 3 Abs. 9, Ort: Köln § 3a Abs. 3 Nr. 1a, stb. § 1 Abs. 1 Nr. 1, grs. stfr. § 4 Nr. 12a, Option § 9				
	Übertrag	50	594.000	70.000	524.000

Tz.	Sachverhaltsbeurteilung	nstb.	Im Inland in € steuerbar	steuerfrei	steuerpfl.
	Übertrag	50	594.000	70.000	524.000
7.	a) **Tierarztpraxis** Tierarzt tätigt stpfl. Umsätze keine Befreiung nach § 4 Nr. 14 Buchst. a), Option möglich § 9, Vermietung stpfl., 19 % § 12 Abs. 1, BMG § 10 Abs. 1		18.000	–	18.000
	b) **Anwaltskanzlei**: Anwalt tätigt stpfl. Umsätze, Option möglich § 9, Vermietung stpfl., 19 % § 12 Abs. 1, BMG § 10 Abs. 1		9.600	–	9.600
	c) **Versicherungsbüro**: Vertreter tätigt stfr. Umsätze § 4 Nr. 11, Option nicht möglich, Vermietung stfr. § 4 Nr. 12a		9.744	9.744	–
	d) **Wohnung Arndt**: Option nicht möglich, Vermietung stfr. § 4 Nr. 12a,		4.176	4.176	–
	e) **Wohnung Seil** (Altfall)*: grds. unentgeltliche Wertabgabe § 3 Abs. 9a Nr. 1, Ort: Köln § 3a Abs. 3 Nr. 1, stb. § 1 Abs. 1 Nr. 1, 19 % § 12 Abs. 1, BMG: 18.000 € [= ant. „AfA" (90/450),10 Jahre § 15a] aber: Berichtigungszeitraum in 2023 abgelaufen!		–	–	–
8.	unentgeltliche Wertabgabe § 3 Abs. 9a Nr. 1, Ort: Bonn, § 3a Abs. 1, stb. § 1 Abs. 1 Nr. 1, 19 % § 12 Abs. 1, BMG: 1 %-Methode § 10 Abs. 4 Nr. 2**	756	– 3.024	–	– 3.024
9.	Vorsteuer!				
10.	innergemeinschaftlicher Erwerb § 1a Abs. 1, Ort: Bonn § 3d, stb. § 1 Abs. 1 Nr. 5, 19 % § 12 Abs. 1, BMG: § 10 Abs. 1, Vorsteuer!		7.000		7.000
	Summe	806	645.544	83.920	**561.624**

Tz.	Ermittlung der Umsatzsteuerschuld		
	Umsatzsteuer (Traglast)		
	19 % von 561.624 €		**106.708,56**
	- **abziehbare Vorsteuer:**		
6.	§ 15 Abs. 4 i.V.m. Abs. 1 + 2*	349,60 €	
9a	§ 15 Abs. 1 Nr. 1	55.840,00 €	
9b	§ 15 Abs. 1 Nr. 1 i. V. m. Abs. 2 Nr. 1 und Abs. 3 Nr. 1a	7.466,67 €	
9c	§ 15 Abs. 1 Nr. 1	3.200,00 €	
9d	§ 15 Abs. 1 Nr. 1	1.600,00 €	
9e	§ 15 Abs. 1 Nr. 1	800,00 €	
9f	§ 15 Abs. 2 Nr. 1	0,00 €	
9g	§ 15 Abs. 2 Nr. 1	0,00 €	
10.	§ 15 Abs. 1 Nr. 3 (7.000 € x 19 %)	1.330,00 €	
	Summe	70.586,27€	- **70.586,27**
	= **Umsatzsteuerschuld** (Zahllast)		**36.122,29**

* zu Tz. 7e):

- Ziel der Besteuerung einer unentgeltlichen Wertabgabe ist die „Korrektur" des Vorsteuerabzugs auf private Nutzungsentnahmen.
- Der Vorsteuervorteil während der Bauphase (2010) betrug 34.200 €
  (19 % von 900.000 € x 90 : 450). Seit 01.01.2011 gilt das Seeling-Modell nur noch für Altfälle.
- Da der Berichtigungszeitraum nach § 15a (zehn Jahre) in 2020 abgelaufen ist, ergeben sich in 2026 keine umsatzsteuerlichen Konsequenzen (mehr).
- Aus den lfd. Betriebskosten i. H. v. 3.600 € können nur die anteiligen Vorsteuerbeträge geltend gemacht werden:
  Die anteiligen lfd. - optionsfähigen - Betriebskosten betragen 1.840 €.
  [3.600 € x 230 qm/450 qm (ohne Büro Velten + Wohnungen Arndt und Seil)]
- anteilige abziehbare Vorsteuer: 1.840 € x 0,19 = 349,60 €
- Die Schuldzinsen und die Versicherungsbeiträge sind nicht mit Vorsteuer belastet, d. h., es erfolgt keine anteilige Besteuerung (vgl. § 3 Abs. 9a Nr. 1).

** zu Tz. 8:

- Bruttolistenpreis inkl. Sonderausstattung: 31.535 €
- Abrundung auf volle 100 Euro: 31.500 €
- Fahrten Wohnung - Betrieb → **unternehmerische** Fahrten, d. h., der Nettowert dieser Fahrten stellt keine unentgeltliche Wertabgabe dar.
- allgemeine Privatfahrten gemäß 1 %-Methode:

allgemeine Privatfahrten (0,01 x 31.500 € x 12)	3.780 €
- 20 % vorsteuerfreie Kosten (0,2 x 3.780 € → nstb.)	- 756 €
= BMG (netto) (stb.)	3.024 €

PRÜFUNGSFALL 2

Tz.	Umsatzart nach § 1 i. V. m. § 3 UStG	nstb.	Umsätze im Inland in € steuerbar § 1 Abs. 1	steuerfrei § 4	steuerpfl. 19 %
	a) Weinhandlung				
1.	Lieferungen im Inland		19.000	—	19.000
2.	Lieferungen (stfr. Ausfuhr), Ort der Lieferung: Bremen		6.000	6.000	—
3.	Lieferungen (stfr. i.g. Lieferung), Ort der Lieferung: Bremen		4.000	4.000	—
4.	Lieferungen (stfr. i.g. Lieferung), Ort der Lieferung: Bremen		2.000	2.000	—
5.	Lieferungen (stfr. i.g. Lieferung), Ort der Lieferung: Bremen		3.000	3.000	—
	b) Haus				
1.	sonstige Leistung, Option nach § 9 UStG		2.000	—	2.000
2.	Kanisch kann keinen Vorsteuerabzug geltend machen (§ 15 Abs. 1b), es entfällt insoweit für die private Nutzung auch die Besteuerung nach § 3 Abs. 9a Nr. 1; „Neufall"	12.000	—	—	—
3.	sonstige Leistung, Option nicht möglich		1.000	1.000	—
					21.000

	Umsatzsteuer (Traglast): 19 % von 21.000 € =		3.990
-	**abziehbare Vorsteuer**		
	Weinhandlung Tz. 6	1.900 €	
	Haus Tz. 4 (⅓ von 1.710 €)*	570 €	
	Haus Tz. 5 (nstb.)	0 €	- 2.470
=	**Umsatzsteuerschuld** (Zahllast)		**1.520**

* Die Aufteilung erfolgt im Verhältnis der Anstrichflächen 1 : 2 (stpfl. : stfr.)

PRÜFUNGSFALL 3

Tz.	Umsatzart nach § 1 i. V. m. § 3 UStG	Umsätze im Inland in €				
		nstb.	steuerbar	stfr.	steuerpflichtig 7 %	steuerpflichtig 19 %
	a) Einzelhandelsgeschäft					
1.	Lieferungen von Fleischwaren		7.000	—	7.000	
2.	Lieferungen sonstiger begünstigter Lebensmittel		10.000	—	10.000	
3.	Lieferungen, nicht begünstigter Waren		24.400	—	—	24.400
4.	kein Leistungsaustausch, Innenumsatz	2.000	—	—	—	—
5.	kein Leistungsaustausch, Innenumsatz	500	—	—	—	—
6.	unentgelt. Lieferung, Entnahme begünstigter Lebensmittel (aus Warensortiment)		200	—	200	
7.	kein Umsatz (20 % von 500 €)	100	—	—	—	—
	b) Hotel und Restaurant					
1.	sonstige Leistungen, Vermietungen von Hotelzimmern		5.500	—	5.500	
2.	sonstige Leistungen (Restaurationsumsätze)		14.000	—	14.000	
3.	sonstige Leistungen (Restaurationsumsätze)		10.000	—	—	10.000
4.	unentgelt. Lieferung, Entnahme Teppich		10.100	—	—	10.100
					36.700	44.500

	Umsatzsteuer (Traglast):		
	7 % von 36.700 € =	2.569 €	
	19 % von 44.500 € =	8.455 €	11.024
-	**abziehbare Vorsteuer**		
	Einzelhandelsgeschäft	3.010 €	
	Hotel und Restaurant	1.517 €	- 4.527
=	**Umsatzsteuerschuld** (Zahllast)		**6.497**

PRÜFUNGSFALL 4

Teil I

1. Es handelt sich um eine **Beförderungslieferung**, weil der Unternehmer U den Gegenstand selbst fortbewegt (§ 3 Abs. 1 + Abs. 6 Satz 2 UStG).
2. Als Ort der Beförderungslieferung gilt **Duisburg**, weil die Lieferung mit **Beginn** der Beförderung als ausgeführt gilt (§ 3 Abs. 6 Satz 1 UStG).
3. Die Lieferung ist im Inland **steuerbar**, weil alle Tatbestandsmerkmale des § 1 Abs. 1 **Nr. 1** i.V.m. § 3 Abs. 1 und § 3 Abs. 6 UStG erfüllt sind.
4. Die innergemeinschaftliche Lieferung ist **steuerfrei**, weil alle Voraussetzungen des § 4 **Nr. 1b** i.V.m. § 6a UStG erfüllt sind.
5. Die Lieferung ist im Inland **nicht steuerpflichtig**, weil sie steuerfrei ist (Bestimmungslandprinzip).
6. U ist verpflichtet eine **Rechnung** i.S.d. § 14 + § 14a Abs. 3 UStG über 100.000 € bis zum 15. Januar 2027 auszustellen. Dabei sind nach § 14a Abs. 3 UStG und Abschn. 14a.1 Abs. 3 + 4 UStAE **zusätzliche Angaben** zu machen, und zwar:
   1. die USt-IdNr. des leistenden Unternehmers und
   2. die USt-IdNr. des Abnehmers;
   3. der Hinweis auf die Steuerfreiheit der innergemeinschaftlichen Lieferung.
7. Der Unternehmer i.S.d. § 2 UStG hat für jeden Voranmeldungs- und Besteuerungszeitraum in dem **amtlich vorgeschriebenen Vordruck** (§ 18 Abs. 1 bis 4 UStG) die **Bemessungsgrundlagen seiner innergemeinschaftlichen Lieferungen** gesondert anzumelden.
   U muss zusätzlich zur Umsatzsteuervoranmeldung/Umsatzsteuererklärung eine „**Zusammenfassende Meldung**" an das Bundeszentralamt für Steuern übermitteln, in der er alle innergemeinschaftlichen Warenlieferungen eines Kalendervierteljahres bzw. eines Kalendermonats angibt (§ 18a UStG).
   Außerdem muss U die **Aufzeichnungspflichten** des **§ 22 UStG** beachten.

Teil II

1. Es handelt sich um einen **innergemeinschaftlichen Erwerb** (§ 1a Abs. 1 UStG).
2. Als Ort des Umsatzes gilt **Köln**, weil dort die Versendung **endet** (§ 3d UStG).
   Nach **§ 3d** UStG wird der innergemeinschaftliche Erwerb in dem Gebiet des Mitgliedstaates bewirkt, in dem sich der Liefergegenstand **am Ende** der Versendung befindet.
3. Der Umsatz ist im Inland **steuerbar**, weil alle Tatbestandsmerkmale des § 1 Abs. 1 **Nr. 5** i.V.m. § 1a Abs. 1 und § 3d UStG erfüllt sind.
4. Der innergemeinschaftliche Erwerb ist nach § 4 UStG **nicht steuerfrei**.
5. Der **steuerbare** innergemeinschaftliche Erwerb ist demnach **steuerpflichtig**. Er unterliegt mit 19 % der USt (**Erwerbsteuer**) 19 % von 100.000 € = 19.000 €.
6. Die USt **entsteht** am **06.01.2027** mit Ausstellung der Rechnung (§ 13 Abs. 1 Nr. 6 UStG).
7. Steuerschuldner ist der **Erwerber** A (§ 13 Abs. 1 Nr. 2 UStG).
8. Die USt (Erwerbsteuer) ist am **10.02.2027** (Mittwoch) **fällig** (§ 18 Abs. 1 UStG). Zahlungseingang bei der Finanzbehörde spätestens 15.02.2025 (Montag).
9. Die USt (Erwerbsteuer) ist nach § 15 Abs. 1 **Nr. 3** UStG in gleicher Höhe als **Vorsteuer** abziehbar. Insoweit beträgt bei A die umsatzsteuerliche Auswirkung 0 €.

PRÜFUNGSFALL 5

Tz.	Umsatzart nach § 1 i. V. m. § 3 UStG	nicht steuerb.	Umsätze im Inland in € steuerbar	steuerfrei	steuerpflichtig 19 %
1	Lieferung		459.528	—	459.528
2	unentgeltl. L., Gegenstandsentnahme		2.145	—	2.145
3	echter Schadenersatz	3.591	—	—	—
4	Lieferung an AN		525	—	525
5	i.g. Lieferung nach Frankreich		5.670	5.670	—
6	keine unentgelt. s. L.	600	—	—	—
7	unentgeltl. s. L.		4.800	—	4.800
	kein Umsatz	1.000	—	—	—
8 a)	EG, kein Umsatz	24.000	—	—	—
b)	1. OG, s. L.		12.000	—	12.000
c)	2. OG, s. L. („Neufall")	8.000	—	—	—
					478.998

	Umsatzsteuer (Traglast): 19 % von 478.998 € =		91.009,62
-	**abziehbare Vorsteuer**		
	9 a) Wareneinkauf	36.390 €	
	b) Reparatur EG des Hauses	791 €	
	c) Außenputz u. Außenanstrich des Hauses (⅔ von 1.522,50 €)	1.015 €	
	d) Geschäftskosten	8.091 €	- 46.287,00
	Umsatzsteuerschuld (Zahllast)		44.722,62
-	USt-Vorauszahlungen		- 19.890,30
=	**USt-Abschlusszahlung**		**24.832,32**

Die Abschlusszahlung ist binnen **eines Monats** nach Eingang der Steuererklärung zu entrichten (§ 18 Abs. 4 UStG).

PRÜFUNGSFALL 6

Tz.	Umsatzart nach § 1 i.V.m. § 3 UStG	Umsätze im Inland in € nicht stb.	steuerbar	steuerfrei	stpfl. 19 %
	Lieferungen an Baubetriebe		220.000	—	220.000
	Lieferungen an Endverbraucher		120.000	—	120.000
	a) unentgelt. sonstige Leistung 0,8 % von 62.500 = 500 x 12		6.000	—	6.000
	b) kein Umsatz 0,2 % von 62.500 = 125 x 12	1.500	—	—	—
1	unentgeltliche Lieferung, Gegenstandsentnahme		21.932	—	21.932
2	unentgeltliche sonstige Leistung		1.300	—	1.300
3	Lieferung (Hilfsgeschäft)		5.000	—	5.000
	privater Pkw-Verkauf	3.570	—	—	—
4	sonstige Leistungen, Vermietung Lagerplatz		2.400	2.400	—
6	sonstige Leistung, Ort gem. § 3a Abs. 2: Straßburg	800	—	—	—
					374.232
	Umsatzsteuer (Traglast): 19 % von 374.232 € =				71.104,08
-	**abziehbare Vorsteuer**				
Tz. 5	[40.150 € - 57 € (Abschn. 15.6 Abs. 5 UStAE)]				- 40.093,00
=	**Umsatzsteuerschuld** (Zahllast)				**31.011,08**

PRÜFUNGSFALL 7

Tz.	Umsatzart nach § 1 i. V. m. § 3 UStG	Umsätze im Inland in € nicht stb.	steuerbar	steuerfrei	steuerpfl. 19 %
1	sonstige Leistung, freiberufliche Tätigkeit		25.000	—	25.000
2	sonstige Leistung (Istbest.)	3.000	—	—	—
4	private Pkw-Nutzung: unentgeltliche sonstige Leistung nach § 3 Abs. 9a Nr. 1 (30 % von 1.500 €)		450	—	450
	kein Umsatz (30 % von 500 €)	150	—	—	—
5 a)	kein Umsatz	2.000	—	—	—
5 b)	sonstige Leistung		3.000	—	3.000
5 c)	keine stb. unentgeltliche sonstige Leistung („Neufall“)	1.000	—	—	—
					28.450

	Umsatzsteuer (Traglast): 19 % von 28.450 € =			5.405,50
-	**abziehbare Vorsteuer**			
	Tz. 3	5.700 €	(in voller Höhe abziehbar)	
	Tz. 6	1.900 €		
	Tz. 7	152 €		
	Tz. 8	1.548 €		- 9.300,00
=	**Erstattungsanspruch** (Vorsteuerguthaben)			**3.894,50**

PRÜFUNGSFALL 8

Tz.	Umsatzart nach § 1 i. V. m. § 3 UStG	Umsätze im Inland in €			
		nicht stb.	steuerbar	steuerfrei	steuerpfl. 19 %
1	Lieferungen im Inland an U		290.000	—	290.000
2	Lieferungen im Inland an P		75.000	—	75.000
3	unentgeltliche Lieferung, Gegenstandsentnahme		9.250	—	9.250
4	Entgeltsberichtigung		- 2.761*	—	- 2.761*
5	unentgeltliche sonstige L., a) s. L. (Pkw-Nutzung) b) kein Umsatz	 100	 400 —	 — —	 400 —
6	unentgeltliche sonstige Leistung		350	—	350
7 a)	sonstige Leistung, Option		1.000	—	1.000
7 b)	kein Umsatz	1.000	—	—	—
7 c)	sonstige Leistung		700	700	—
					376.000,00 **- 2.761,00**

	Umsatzsteuer (Traglast):			
	19 % von 376.000 € =		71.440,00 €	
-	19 % von 2.761 € =		524,59 €	70.915,41
-	**abziehbare Vorsteuer**			
	Tz. 8 VoSt. insgesamt	5.700 €		
	- nicht abziehbar (7c)	1.900 €	3.800,00 €	
	Tz. 9 Baustoffhandlung		33.750,00 €	- 37.550,00
=	**Umsatzsteuerschuld** (Zahllast)			**33.365,41**

* Gem. Abschn. 17.1 Abs. 2 Satz 1 UStAE ist die Berichtigung gem. § 17 Abs. 2 Nr. 1 i. V. m. Abs. 1 UStG für den Besteuerungszeitraum vorzunehmen, in dem die Änderung der Bemessungsgrundlage eingetreten ist.

PRÜFUNGSFALL 9

Tz.	Umsatzart nach § 1 i. V. m. § 3 UStG	Umsätze im Inland in € nicht stb.	steuerbar	steuerfrei	steuerpfl. 19 %
	Lieferung		40.000	—	40.000
1	Lieferung		14.700	—	14.700
2	Entgeltberichtigung (19 %)		**- 6.500**	—	**- 6.500**
3	echter Schadenersatz	19,83	—	—	—
4	unentgeltliche Lieferung, Gegenstandsentnahme		600	—	600
5	Lieferung im Oktober ausgeführt		4.800	—	4.800
6	kein Umsatz (ESt: abzugsf. BA = 70 % von 180 €)	—	—	—	—
					53.600
	Umsatzsteuer (Traglast): 19 % von 53.600 € =				10.184,00
-	**abziehbare Vorsteuer** (6.468,56 € + 34,20 €)*				- 6.502,76
=	**Umsatzsteuerschuld** (Zahllast)				**3.681,24**

* Die Regelung, dass die Vorsteuer nur von den **abzugsfähigen** Betriebsausgaben (70 % von 180 € = 126 €) abgezogen werden darf (19 % von 126 € = 23,94 €), ist nach § 15 Abs. 1a Satz 2 UStG aufgehoben worden.

PRÜFUNGSFALL 10

Tz.	Umsatzart nach § 1 i. V. m. § 3 UStG	Umsätze im Inland in €			
		nicht stb.	steuerbar	steuerfrei	steuerpfl. 19 %
1 a)	Lieferungen im Inland		105.000	—	105.000
1 b)	Lieferung in die Schweiz		14.500	14.500	—
1 c)	Lieferung nach Frankreich		10.000	10.000	—
1 d)	Lieferung nach Belgien		11.000	—	11.000
2	Lieferung (Hilfsgeschäft)		300.000	300.000	—
3	Lieferung (Hilfsgeschäft)		23.500	—	23.500
4	unentgeltliche sonstige Leistungen		3.000	—	3.000
5	kein Umsatz (ESt: abzugsf. BA = 70 % von 200 €)	—	—	—	—
					142.500

	Umsatzsteuer (Traglast): 19 % von 142.500 € =	27.075,00
-	**abziehbare Vorsteuer** (12.048 € - 57 € + **38 €**)*	- 12.029,00
=	**Umsatzsteuerschuld** (Zahllast)	**15.046,00**

* Tz. 6: 100 % von 200 € = 200 € x 19 % = **38 €** (§ 15 Abs. 1a Satz 2 UStG)

Teil 2: Zusätzliche Aufgaben und Lösungen

A. Abgabenordnung

AUFGABE 1

Maurermeister Peter Bündgen wohnt in München. Sein Betrieb ist in Freising. Am 10.03.2026 erhielt er den am 09.03.2026 mit einfachem Brief zur Post gegebenen Gewerbesteuermessbescheid für den Veranlagungszeitraum 2025. In diesem Bescheid sind die Einheitswerte der inländischen Betriebsgrundstücke bei den Kürzungen des Gewerbeertrags nicht berücksichtig worden. Am 08.04.2026 erhielt er den Gewerbesteuerbescheid der Gemeindefinanzbehörde Freising.

1. Wie kann Herr Bündgen sich gegen die fehlerhafte Gewerbesteuer wehren?
2. Bei welcher Behörde muss der Rechtsbehelf eingelegt werden?
3. Bis wann muss der Rechtsbehelf spätestens eingelegt werden?
4. Im Gewerbesteuerbescheid wurde ein zu hoher Hebesatz angewandt.
   Wie kann Herr Bündgen sich hiergegen wehren?
5. Was bewirkt eine fehlende Rechtsbehelfsbelehrung in einem Gewerbesteuermessbescheid?

Lösung:

1. Da der Fehler bereits im **Gewerbesteuermessbescheid** liegt, muss Herr Bündgen gegen den **Gewerbesteuermessbescheid** (als **Grundlagenbescheid**; vgl. AEAO zu § 351 Nr. 4) den Rechtsbehelf des **Einspruchs** (§ 347 Abs. 1 AO) einlegen. Wird daraufhin der Gewerbesteuermessbescheid geändert, so ergeht eine Mitteilung an die die Gewerbesteuer festsetzende Gemeinde. Diese erlässt dann einen **geänderten Gewerbesteuerbescheid**.
2. Der Einspruch gegen den Gewerbesteuermessbescheid muss beim **Betriebsfinanzamt** (Freising) eingelegt werden (§ 22 Abs. 1 AO).
3. Der Einspruch gegen den Gewerbesteuermessbescheid muss spätestens mit Ablauf des **13.04.2026** eingelegt werden.
   Berechnung: 09.03. + 4 Tage = 13.03.2026 (Freitag); Bekanntgabetag + 1 Monat Einspruchsfrist § 355 AO = 13.04.2026 (Montag) um 24:00 Uhr.
4. Bei neuen Fehlern im **Gewerbesteuerbescheid (Folgebescheid)** ist der Rechtsbehelf des **Widerspruchs** bei der **Gemeinde Freising** einzulegen, da diese den Gewerbesteuerbescheid erlassen hat (§ 16 Abs. 1 GewStG).
5. Ist die Rechtsbehelfsbelehrung unterblieben, so ist die Einlegung des Einspruchs innerhalb **eines Jahres** ab Bekanntgabe des Verwaltungsaktes zulässig (§ 356 Abs. 2 AO), d.h. bis zum **15.03.2027** um 24:00 Uhr (Bekanntgabetag 13.03.2026 + 1 Jahr = 13.03.2027 (Samstag), nächstfolgender Werktag ist der 1503.2027 (Montag)).

AUFGABE 2

Willi Schulz, Inhaber eines Herrenbekleidungsgeschäftes, hat Probleme mit der Liquidität. Aufgrund der derzeit schlechten Absatzlage konnte er die Einkommensteuer-Abschlusszahlung 2025 in Höhe von 6.380 €, fällig am 23.11.2026, nicht bezahlen.
Sein Kreditrahmen bei seiner Hausbank ist bereits ausgeschöpft. Sein Warenbestand ist bezahlt. Er betreibt sein Unternehmen im eigenen Geschäftshaus.

1. Welchen Antrag könnte Herr Schulz beim zuständigen Finanzamt stellen?
2. Prüfen und begründen Sie die Aussichten hinsichtlich der Bewilligung des Antrags (aus 1.).
3. Im Antrag bezüglich der Begleichung der ESt-Abschlusszahlung schlägt Herr Schulz dem Finanzamt folgende Ratenzahlungen vor:
   1.500 € am 22.12.2026,
   1.500 € am 22.02.2027,
   1.500 € am 30.03.2027,
   1.880 € am 30.04.2027.
   Mit welcher steuerlichen Nebenleistung muss Herr Schulz rechnen?
   Ermitteln Sie den entsprechenden Betrag.

Lösung:

1. Herr Schulz könnte einen Antrag auf **Stundung** stellen (§ 222 AO).
2. Eine Stundung ist **gerechtfertigt**. Es liegt ein sachlicher Grund für eine erhebliche Härte vor. Herr Schulz hat keine Schuld am schlechten Absatz. Ebenso sind Sicherheiten (Geschäftshaus, bezahlter Warenbestand) vorhanden.
3. Herr Schulz muss mit **Stundungszinsen** in Höhe von (abgerundet auf volle Euro) **91 €** rechnen (§ 234 AO). Die Stundungszinsen werden wie folgt ermittelt (§ 238 AO):
   Die Zinsen betragen **0,5 %** für jeden **vollen** Monat des Zinslaufs (§ 238 Abs. 1 AO).
   Der zu verzinsende Betrag wird gemäß § 238 Abs. 2 AO auf volle 50 Euro nach unten abgerundet.

24.11.2026 bis 22.12.2026/kein voller Monat/0% von 1.500 €	= 00,00 €
24.11.2026 bis 22.02.2027/zwei volle Monate/1 % von 1.500 €	= 15,00 €
24.11.2026 bis 30.03.2027/vier volle Monate/2 % von 1.500 €	= 30,00 €
24.11.2026 bis 30.04.2027/fünf volle Monate/2,5 % von 1.850 €	= 46,25 €
Stundungszinsen insgesamt	= **91,25 €**

AUFGABE 3

Die Grundstücksgemeinschaft „Baus und Hahn GbR" besteht aus folgenden Beteiligten: Anton Baus (wohnhaft in Pfaffenhofen), Petra Baus (wohnhaft in Neuburg/Donau) und Doris Hahn (wohnhaft in Ingolstadt). In jeder genannten Stadt gibt es ein Finanzamt.

1. Ab Januar 2026 hat Petra Baus die Hausverwaltung für das der Grundstücksgemeinschaft gehörende Mietwohngrundstück, Pfaffenhofen, Tillystraße 18, übernommen. Nennen Sie die örtlich zuständigen Finanzämter, bei denen die Steuererklärung für die Grundstücksgemeinschaft sowie die Einkommensteuererklärungen der Beteiligten Anton Baus, Petra Baus und Doris Hahn für 2026 einzureichen sind.
2. Im Rahmen der Übernahme der Hausverwaltung findet Petra Baus im März 2026 heraus, dass ihr Bruder Anton für das Jahr 2024 vergessen hatte, Erhaltungsaufwendungen als Werbungskosten geltend zu machen. Deshalb legt gegen den Feststellungsbescheid 2024 form- und fristgerecht Einspruch ein.

2.1. Wie lautet die vollständige Bezeichnung des oben genannten Feststellungsbescheids?

2.2. Entscheiden und begründen Sie, ob der vom Finanzamt Pfaffenhofen erlassene endgültige Einkommensteuerbescheid 2024 vom 02.07.2026 für Anton Baus (bzw. auch die anderen Beteiligten) entsprechend geändert werden kann.

2.3. Die ESt-Abschlusszahlung für 2025 von Petra Baus ist am 01.12.2026 mit 3.280 € fällig. Petra Baus wirft am gleichen Tag einen Scheck in den Briefkasten des Finanzamtes ein. Muss Petra Baus mit der Festsetzung einer steuerlichen Nebenleistung rechnen? Wenn ja, geben Sie die Art und die Höhe der steuerlichen Nebenleistung an.

Lösung:

1.

Grundstücksgemeinschaft:	**Verwaltungsfinanzamt** Neuburg/Donau (§ 18 Abs. 1 Nr. 4 AO)
Anton Baus:	**Wohnsitzfinanzamt** Pfaffenhofen (§ 19 Abs. 1 AO)
Petra Baus:	**Wohnsitzfinanzamt** Neuburg/Donau (§ 19 Abs. 1 AO)
Doris Hahn:	**Wohnsitzfinanzamt** Ingolstadt (§ 19 Abs. 1 AO)

2.1 Der Feststellungsbescheid ist eine **einheitliche und gesonderte Feststellung der Besteuerungsgrundlagen für die Einkommensteuer** (Einkünfte aus Vermietung und Verpachtung) nach § 180 Abs. 1 Nr. 2a) AO.

2.2 Die Einkommensteuerbescheide aller Beteiligten können nach § 175 Abs. 1 Satz 1 Nr. 1 AO geändert werden, weil aufgrund des form- und fristgerechten Einspruchs gegen den Grundlagenbescheid ein **geänderter Grundlagenbescheid** ergeht und dieser dann seine **Bindungswirkung für den jeweiligen Einkommensteuerbescheid** entfaltet.

2.3 Petra Baus muss einen **Säumniszuschlag** in Höhe von 32,50 € (= 1 % von 3.250 €) zahlen (§ 240 AO), da die Zahlung per Scheck erst am dritten Tag nach Eingang des Schecks (hier: 04.12.2026) bewirkt ist (§ 224 Abs. 2 Nr. 1 AO). Somit ist bereits ein Säumnismonat angebrochen. Die Schonfrist nach § 240 Abs. 3 AO gilt bei Zahlung durch Scheck nicht.

AUFGABE 4

Maria Bauer, München, wird am 31.08.2026 ihr Einkommensteuerbescheid 2025 bekanntgegeben. Die Einkommensteuer ist auf 6.120 € festgesetzt. Im Rahmen ihres Bescheids werden Werbungskosten in Höhe von 1.200 € zu Unrecht vom Finanzamt nicht anerkannt.

1. Bis zu welchem Zeitpunkt (Datum und Uhrzeit) kann Frau Bauer Einspruch gegen den Bescheid einlegen?
2. In welcher Form muss Frau Bauer den Einspruch einlegen? Begründen Sie Ihre Antwort unter Nennung der Gesetzesvorschrift.
3. Muss Frau Bauer die ausstehende Einkommensteuerschuld während des Einspruchsverfahrens begleichen - oder gibt es eine andere Möglichkeit, um den strittigen Betrag erst einmal nicht zahlen zu müssen?
4. Wie nennt man den Verwaltungsakt, in dem das zuständige Finanzamt dem Einspruch von Frau Bauer stattgegeben hat? Begründen Sie Ihre Antwort.
5. Angenommen, das Finanzamt gibt dem Einspruch nicht statt. Es erlässt eine Einspruchsentscheidung, die mit einfachem Brief am 10.07.2026 bei der Post aufgegeben wird.

5.1. Was kann Frau Bauer dagegen tun?

5.2. Innerhalb welcher Frist muss Frau Bauer tätig werden?

Lösung:

1. Frau Bauer hat spätestens bis zum **30.09.2026 um 24:00 Uhr** den Einspruch einzulegen (31.08.2026 Bekanntgabetag + 1 Monat nach § 355 AO = 30.09.2026 (= letzter Tag des Monats September gem. § 188 Abs. 3 BGB).
2. Nach § 357 Abs. 1 Satz 1 AO ist der Einspruch **schriftlich** oder **elektronisch** einzulegen oder zur **Niederschrift** zu erklären (§ 357 Abs. 1 Satz 1 AO). Eine elektronische Signatur ist **nicht** erforderlich (AEAO zu § 357, Nr. 1).
3. Grundsätzlich **muss** trotz Einlegung eines Einspruchs der volle Betrag **gezahlt werden**. Es besteht jedoch die Möglichkeit, einen **Antrag auf Aussetzung der Vollziehung** (§ 361 AO) zu stellen, sodass die Steuer ganz oder teilweise (in Höhe des strittigen Betrags) bis zur endgültigen Entscheidung erst einmal nicht gezahlt werden muss.
4. An Stelle einer Einspruchsentscheidung kann die Finanzbehörde auch einen **Abhilfebescheid** (**geänderten Verwaltungsakt**) erlassen, wenn sie dem Einspruch stattgibt. Dadurch wird das Einspruchsverfahren in einfacher Weise erledigt (§ 367 Abs. 2 letzter Satz AO).

5.1 Frau Bauer kann **schriftlich** (§ 64 FGO) **Klage beim Finanzgericht** (§§ 40 ff. FGO) erheben.

5.2 Sie muss innerhalb **eines Monats** nach Bekanntgabe der Einspruchsentscheidung (§ 47 Abs. 1 FGO), also bis zum **14.08.2026 um 24:00 Uhr** (10.07.2026 + 4 Tage = 14.07.2026 Bekanntgabetag; 15.07.2026 + 1 Monat = 15.08.2026) schriftlich ihre Klage beim zuständigen Finanzgericht einreichen.

B. Umsatzsteuer

AUFGABE

Beantworten Sie die folgenden Fragen durch Ankreuzen. Zu jeder Frage gibt es nur eine richtige Antwort.

1. Was ist die Umsatzsteuer?
   (a) eine Personensteuer
   (b) eine Realsteuer
   (c) eine Verkehrsteuer
   (d) eine Verbrauchsteuer
2. Wer ist Unternehmer im Sinne des UStG?
   (a) ein selbständiger Landwirt
   (b) ein Geschäftsführer einer GmbH
   (c) ein angestellter Physiotherapeut
   (d) ein angestellter Steuerberater
3. Welches Merkmal ist keine Voraussetzung für die Unternehmereigenschaft?
   (a) Einnahmeerzielungsabsicht
   (b) Nachhaltigkeit
   (c) Gewinnerzielungsabsicht
   (d) Selbständigkeit
4. In welchem Fall liegt keine Unternehmereigenschaft vor?
   (a) Ein kaufmännischer Angestellter besitzt eine Eigentumswohnung, die er an eine Privatperson für monatlich 1.000 € vermietet.
   (b) Ein angestellter Kfz-Meister kauft jährlich ca. fünf Unfallautos, die er nach Feierabend in Stand setzt und anschließend gegen Barzahlung verkauft.
   (c) Die Brüder Hans und Josef Huber (13 und 14 Jahre alt) verkaufen im Einverständnis ihrer Eltern wiederholt am Flohmarkt eigene, gebrauchte und zugekaufte Spielsachen.
   (d) Ein angestellter Arbeitnehmer verkauft seinen alten Pkw für 2.500 € gegen Barzahlung an einen Bekannten.
5. Welches Gebiet gehört umsatzsteuerrechtlich zum Drittlandsgebiet?
   (a) Mittelberg (Kleines Walsertal)
   (b) Insel Helgoland
   (c) Vatikan
   (d) Slowenien
6. Welches Gebiet gehört umsatzsteuerrechtlich zum übrigen Gemeinschaftsgebiet?
   (a) Schweiz
   (b) Norwegen
   (c) Andorra
   (d) Tschechien
7. In welchem Fall liegt kein Gegenstand einer Lieferung vor?
   (a) Verkauf neuer Fahrzeuge
   (b) Verkauf verbrauchsteuerpflichtiger Waren
   (c) Verkauf von Gas
   (d) Übertragung von Rechten

8. In welchem Fall liegt keine sonstige Leistung vor?
   (a) Abgabe von Speisen und Getränken zum Verzehr an Ort und Stelle
   (b) Vermietung eines Zweifamilienhauses
   (c) Reihengeschäft
   (d) Beratung eines Steuerberaters
9. In welchem Fall liegt kein Leistungsaustausch vor?
   (a) Ein Einzelhändler liefert ein Fernsehgerät an einen Kunden.
   (b) Eine Versicherung zahlt einem Unternehmer 10.000 € für gestohlene Waren.
   (c) Ein Unternehmer liefert eine Maschine für 15.000 € und erhält dafür einen Pkw für 15.000 €.
   (d) Ein Tennisverein erhebt neben den üblichen Mitgliedsbeiträgen noch ein spezielles Entgelt für die Benutzung seiner Tennishalle.
10. Welche Vorgänge fallen nicht in den Rahmen des Unternehmens?
   (a) Ein Rechtsanwalt berät einen Mandanten in Fragen des Erbrechts.
   (b) Ein Rechtsanwalt verkauft seinen betrieblichen Pkw.
   (c) Ein Rechtsanwalt leitet ehrenamtlich einen Prüfungsauschuss der Rechtsanwaltskammer.
   (d) Ein Rechtsanwalt verkauft seinen gebrauchten Tennisschläger.

Lösung:

1. (c)
2. (a)
3. (c)
4. (d)
5. (b)
6. (d)
7. (d)
8. (c)
9. (b)
10. (d)

AUFGABE

Baustoffhändler Bims, Bonn, beauftragt Spediteur Schnell, Köln, 40 Tonnen Betonplatten von Bonn an den Unternehmer A für dessen Unternehmen nach Aachen zu transportieren. Schnell beauftragt den Frachtführer Brumm, Bad Godesberg, mit dem Transport der Betonplatten. Schnell tritt bei Auftragserteilung an Brumm im eigenen Namen, jedoch für Rechnung des Bims auf. Die jeweils vereinbarten Entgelte werden vom Leistenden ordnungsgemäß in Rechnung gestellt und vom Leistungsempfänger fristgerecht bezahlt.

Prüfen Sie die Steuerbarkeit der erbrachten Leistungen von Schnell und Brumm.

Lösung:

Tatbestandsvoraussetzungen des § 1 Abs. 1 Nr. 1 UStG

- **Lieferung/sonstige Leistung?**
  Im vorliegenden Sachverhalt handelt es sich um einen Fall der **Dienstleistungskommission** (§ 3 Abs. 11 UStG; Abschn. 3.15 Abs. 1 UStAE).
  Es liegen – wie bei der „normalen" Kommission auch – zwei getrennt zu beurteilende Leistungen vor (zwei sonstige Leistungen/Beförderungsleistungen).
  Schnell an Bims (sonstige Leistung 1):
  sonstige Leistung/Beförderungsleistung (§ 3 Abs. 9)
  Brumm an Schnell (sonstige Leistung 2):
  sonstige Leistung/Beförderungsleistung (§ 3 Abs. 9)
- **Unternehmer?**
  Schnell und Brumm sind Unternehmer i. S. d. § 2 Abs. 1 UStG.
- **Inland?**
  Beide Beförderungsleistungen werden gem. § 3a Abs. 2 UStG (B2B-Umsätze) im Inland erbracht (jeweils Sitzort des Empfängers; sonstige Leistung 1: Bonn und sonstige Leistung 2: Köln).
- **Entgelt?**
  Laut Sachverhalt werden Entgelte i. S. d. § 10 Abs. 1 UStG vereinbart und bezahlt.
- **Rahmen des Unternehmens?**
  Schnell handelt im Rahmen seines Unternehmens (vgl. auch §§ 453 + 454 HGB).
  Brumm handelt im Rahmen seines Unternehmens (vgl. auch § 407 HGB).

Fazit:
Beide Leistungen sind im Inland nach § 1 Abs 1 Nr. 1 i. V. m. § 3a Abs. 2 UStG **steuerbar**.

AUFGABE

Baustoffhändler Sand, Salzburg (AT), beauftragt Spediteur Flink, Bad Reichenhall (D), 40 Tonnen Betonplatten von Salzburg (AT) an den Unternehmer A für dessen Unternehmen nach Rosenheim (D) zu transportieren. Flink beauftragt den Frachtführer Jäger, Traunstein (D), mit dem Transport der Betonplatten. Flink tritt bei Auftragserteilung an Jäger im eigenen Namen, jedoch für Rechnung des Sand auf. Alle Beteiligten verwenden die USt-Id.Nr. ihres Landes. Die jeweils vereinbarten Entgelte werden vom Leistenden ordnungsgemäß in Rechnung gestellt und vom Leistungsempfänger fristgerecht bezahlt.

Prüfen Sie die Steuerbarkeit der erbrachten Leistungen von Flink und Jäger.

Lösung:

Tatbestandsvoraussetzungen des § 1 Abs. 1 Nr. 1 UStG

- **Lieferung/sonstige Leistung?**
  Dienstleistungskommission (§ 3 Abs. 11 UStG; Abschn. 3.15 Abs. 1 UStAE).
  Es liegen **zwei getrennt zu beurteilende Leistungen** vor (**zwei sonstige Leistungen/ Beförderungsleistungen**).
  Flink an Sand (sonstige Leistung 1):
  sonstige Leistung/Beförderungsleistung (§ 3 Abs. 9)
  Jäger an Flink (sonstige Leistung 2):
  sonstige Leistung/Beförderungsleistung (§ 3 Abs. 9)
- **Unternehmer?**
  Flink und Jäger sind Unternehmer i.S.d. § 2 Abs. 1 UStG.
- **Inland?**
  Nur die Beförderungsleistung des Frachtführers Jäger (s.L. 2) wird gem. § 3a Abs. 2 UStG (B2B-Umsätze) im Inland erbracht. Der Ort der s.L. 1 liegt in Salzburg (AT).
  [Sitzort des Empfängers; s.L. 1: Salzburg (AT) und s.L. 2: Bad Reichenhall (D)].
- **Entgelt?**
  Laut Sachverhalt werden Entgelte i.S.d. § 10 Abs. 1 UStG vereinbart und bezahlt.
- **Rahmen des Unternehmens?**
  Flink handelt im Rahmen seines Unternehmens (vgl. auch §§ 453 + 454 HGB).
  Jäger handelt im Rahmen seines Unternehmens (vgl. auch § 407 HGB).

Fazit:
Die Leistung des Flink ist im Inland **nicht steuerbar** (Merkmal Inland fehlt).
Die Leistung des Jäger ist im Inland steuerbar (§ 1 Abs 1 Nr. 1 i.V.m. § 3a Abs. 2 UStG).

AUFGABE

Der Betreiber eines Imbissstandes in Bonn gibt verzehrfertige Speisen an seine Kunden in Pappbehältern ab. Der Kunde erhält dazu eine Serviette, ein Einwegbesteck und auf Wunsch Ketchup, Mayonnaise oder Senf. Der Imbissstand verfügt nur über eine Verkaufstheke. Für die Rücknahme des Einweggeschirrs und Bestecks stehen Abfalleimer bereit. Die Kunden verzehren die Speisen im Stehen in der Nähe des Imbissstandes oder entfernen sich mit den Speisen gänzlich vom Imbissstand.

Prüfen Sie die Steuerbarkeit der erbrachten Leistungen und stellen Sie fest, ob begünstigte Lieferungen oder nicht begünstigte sonstige Leistungen vorliegen.

Lösung:

Die Abgabe der Speisen ist **steuerbar**, weil alle Voraussetzungen des § 1 Abs. 1 Nr. 1 UStG erfüllt sind.

Es liegen **begünstigte Lieferungen** im Sinne des § 12 Abs. 2 Nr. 1 UStG vor, da neben den Speiselieferungen **nur Dienstleistungselemente** erbracht werden, die notwendig mit der Vermarktung der Speisen verbunden sind. Bei den abgegebenen Speisen eines Imbissstandes handelt es sich i.d.R. um **Standardspeisen**.
Dabei spielt es keine Rolle, ob die Speisen zum Mitnehmen verpackt werden (vgl. Abschn. 3.6 Abs. 2 UStAE).

AUFGABE

Der Betreiber eines Imbissstandes in Köln gibt verzehrfertige Speisen an seine Kunden in Pappbehältern ab. Der Kunde erhält dazu eine Serviette, ein Einwegbesteck und auf Wunsch Ketchup, Mayonnaise oder Senf. Der Imbissstand verfügt über eine Theke, an der Speisen eingenommen werden können. Der Betreiber hat vor dem Stand Bierzeltgarnituren (einfache Holztische und Holzbänke) aufgestellt. 80 % der Speisen werden zum sofortigen Verzehr an den Stehtischen abgegeben. 20 % der Speisen werden zum Mitnehmen abgegeben.

Prüfen Sie die Steuerbarkeit der erbrachten Leistungen und stellen Sie fest, ob begünstigte Lieferungen oder nicht begünstigte sonstige Leistungen vorliegen.

Lösung:

Die Abgabe der Speisen ist **steuerbar**, weil alle Voraussetzungen des § 1 Abs. 1 Nr. 1 UStG erfüllt sind.

Soweit die Speisen zum Mitnehmen abgegeben werden (**20 %**), liegen **begünstigte Lieferungen** i. S. d. § 12 Abs. 2 Nr. 1 UStG vor, da der Unternehmer in diesen Fällen nur Dienstleistungen erbringt, die notwendig mit der Vermarktung der Speisen verbunden sind. Bei den abgegebenen Speisen eines Imbissstandes handelt es sich i. d. R. um **Standardspeisen**. Leistungsort ist Köln (§ 3 Abs. 6 Satz 1 UStG).
Dabei spielt es keine Rolle, ob die Speisen zum Mitnehmen verpackt werden (vgl. Abschn. 3.6 Abs. 2 sowie Abs. 6 Beispiel 1 UStAE).

Soweit die Speisen zum sofortigen Verzehr abgegeben werden (**80 %**), liegen **begünstigte sonstige Leistungen** im Sinne des § 3 Abs. 9 UStG vor, da neben der Speisenlieferung noch Dienstleistungselemente (zur Verfügung stellen der Bierzeltgarnituren) hinzukommen, die nicht notwendig mit der Vermarktung der Speisen verbunden sind (vgl. Abschn. 3.6 Abs. 3 und 4 sowie Abs. 6 Beispiel 2 UStAE). Der Leistungsort bestimmt sich nach § 3a Abs. 3 Nr. 3b UStG (Köln).
Das Gesetz zur Umsetzung steuerlicher Hilfsmaßnahmen zur Bewältigung der Corona-Krise (**Corona-Steuerhilfegesetz**) sowie das **Dritte** und Vierte Gesetz zur Umsetzung steuerlicher Hilfsmaßnahmen zur Bewältigung der Corona-Krise (**Viertes Corona-Steuerhilfegesetz**) sahen vor, dass der Umsatzsteuersatz für **nach dem 30. Juni 2020 und bis zum 31. Dezember 2023** erbrachte **Restaurant- und Verpflegungsdienstleistungen** von 19 % auf **7 %** abgesenkt wird. Dies galt **nicht** für die **Abgabe von Getränken** (§ 12 Abs. 2 Nr. 15 UStG). **Zwischen** dem **01.01.2024** und dem **31.12.2025** unterlagen (wieder) **sämtliche Restaurationsumsätze** dem **allgemeinen** Steuersatz. Durch das **Steueränderungsgesetz 2025** wurde zum **01.01.2026** der **begüngstigte Steuersatz** (7 %) **unbefristet** festgelegt (§ 12 Abs. 2 Nr. 15 UStG). Die **Abgabe von Getränken** unterliegt weiterhin dem **allgemeinen** Steuersatz.

AUFGABE

Fahrradhändler Petzhold aus Lindau bestellt bei Fahrradhersteller Poiret, Dijon (F), verschiedene Fahrradtypen im Warenwert von 30.000 €. Ein Mitarbeiter von Petzhold holt die Fahrräder mit dem eigenen Lkw in Dijon ab. Die Fahrräder werden von Frankreich durch die Schweiz nach Deutschland transportiert. Eine zollrechtliche Abfertigung findet in der Schweiz nicht statt. Die von Poiret ausgestellte Rechnung entspricht den gesetzlichen Vorschriften. Die beteiligten Unternehmer verwenden die USt-IdNr. ihres Heimatlandes.

Liegt ein im Inland steuerbarer Tatbestand vor? Begründen Sie Ihre Antwort.

Lösung:

Tatbestandsvoraussetzungen:
- **Lieferung** → Fahrräder (§ 3 Abs. 1 UStG; speziell Beförderungslieferung gem. § 3 Abs. 6 Satz 1 + 2 UStG; sog. Abholfall)
- aus dem Gebiet eines **Mitgliedstaates** → Frankreich (Gemeinschaftsgebiet § 1 Abs. 2a UStG + Abschn. 1.10 Abs. 1 UStAE)
- in das Gebiet eines **anderen Mitgliedstaates** → Deutschland (Gemeinschaftsgebiet § 1 Abs. 2a UStG + Abschn. 1.10 Abs. 1 UStAE)

(Hinweis: Der Transit bzw. die Durchfuhr durch die Schweiz ist irrelevant, da es in der Schweiz zu keiner zollrechtlichen Abfertigung kommt.)

- **an** einen **Unternehmer** → Petzhold = Unternehmer (§ 2 Abs. 1 UStG)
- für sein **Unternehmen** → Fahrräder für den Fahrradhandel

- **durch** einen **Unternehmer** → Poiret = Unternehmer (§ 2 Abs. 1 UStG)
- gegen **Entgelt** → 30.000 € (§ 10 Abs. 1 Sätze 1 + 2 UStG)
- **im Rahmen seines Unternehmens** → Fahrradverkauf = Grundgeschäft (Abschn. 2.7 Abs. 2 Satz 1 UStAE)

Rechtsfolgen:
→ Petzhold tätigt einen **innergemeinschaftlichen Erwerb** (§ 1a Abs. 1 UStG) in D.
→ Der innergemeinschaftliche Erwerb ist **steuerbar** (§ 1 Abs. 1 Nr. 5 UStG).
→ Die Erwerbsteuer ist **als Vorsteuer abziehbar** (§ 15 Abs. 1 Nr. 3 UStG).

(Poiret tätigt in Frankreich eine **steuerfreie** innergemeinschaftliche Lieferung.)

AUFGABE

Petra Klein, Angestellte aus Füssen, kauft bei Kfz-Händler Sforza, Bozen (I), einen gebrauchten Pkw für netto 18.000 €. Der Pkw wurde vor 7 Monaten angemeldet. Der Kilometerstand beträgt 4.500 km. Frau Klein holt den Wagen selbst ab.

Liegt ein im Inland steuerbarer Tatbestand vor? Begründen Sie Ihre Antwort.

Lösung:

Tatbestandsvoraussetzungen:
Erwerber → Privatperson (nicht in § 1a Abs. 1 Nr. 2 UStG genannt)
- motorbetriebenes Landfahrzeug → Pkw (ccm > 48/kW > 7,2)
- Kilometerstand → 4.500 km (< 6.000 km)
- Erstzulassung → vor 7 Monaten (> 6 Monate)

Die übrigen Voraussetzungen des § 1a Abs. 1 UStG i. V. m. § 1b UStG sind erfüllt.

Rechtsfolgen:
→ **Kein innergemeinschaftlicher Erwerb** eines neuen Fahrzeugs in Deutschland. Aufgrund des **Erstzulassungsdatums** handelt es sich **nicht** um ein **Neufahrzeug** i. S. d. § 1b UStG.
→ Der Umsatz ist im Inland **nicht steuerbar** (Besteuerung im Ursprungsland). (Sforza tätigt in Italien eine **steuerbare** Lieferung.)

AUFGABE

Internist Dr. med. Scholl, Aachen, plante bereits zu Beginn des Jahres 2026 die Anschaffung von Behandlungsliegen und Praxisschränken im Warenwert von 13.500 € bei einem niederländischen Unternehmer. Die geplante Anschaffung erfolgt im Februar 2026. In 2025 wurden keine Erwerbe aus dem übrigen Gemeinschaftsgebiet getätigt.

Liegt im Inland ein steuerbarer Tatbestand vor? Begründen Sie Ihre Antwort.

Lösung:

§ 1a Abs. 3 UStG ist **nicht** anwendbar, da die Erwerbsschwelle 2026 überschritten wird. Es liegt somit ein steuerbarer innergemeinschaftlicher Erwerb in Deutschland vor (§ 1a Abs. 1 i.V.m. § 1 Abs. 1 Nr. 5 und § 3d UStG).
(**Hinweis**: Sobald die Erwerbsschwelle für das Vorjahr **oder** voraussichtlich für das laufende Jahr überschritten wird, ist § 1a Abs. 3 UStG nicht anwendbar.)

AUFGABE

Elektrohändler Grabowski aus Mönchengladbach verkauft einem Privatkunden aus Venlo (NL) im Februar 2026 einen Monitor. Herr Grabowski transportiert den Monitor im März 2026 mit dem betrieblichen Pkw nach Venlo. Herr Grabowski hat im Vorjahr Waren im Wert von 11.000 € und im laufenden Kalenderjahr bereits Waren im Wert von 15.000 € an Privatkunden aus den Niederlanden verkauft.

Bestimmen Sie den Ort des Umsatzes und stellen Sie fest, in welchem Land die Lieferung des Unternehmers Grabowski steuerbar ist.

Lösung:

Prüfung der Tatbestandsvoraussetzungen des § 3c UStG:
- Lieferung → Monitor
- durch den Lieferer → Grabowski transportiert
- aus dem Gebiet eines Mitgliedstaates → Deutschland
- in das Gebiet eines anderen Mitgliedstaates → Niederlande

Abnehmer ≠ Person i.S.d. § 1a Abs. 1 Nr. 2 UStG → Privatkunde

Umsatzschwelle (10.000 €/§ 3c Abs. 4) im laufenden Kalenderjahr **und** im vorangegangenen Kalenderjahr überschritten
→ laufendes Kalenderjahr 15.000 €/Vorjahr 11.000 €

Rechtsfolge:
Ort der Beförderungslieferung ist **Venlo** (§ 3c Abs. 1 UStG). Die Lieferung ist für Grabowski in den **Niederlanden** (Bestimmungsmitgliedstaat) **steuerbar**.

AUFGABE

Elektrohändler Grabowski, Mönchengladbach, ist Eigentümer eines Zweifamilienhauses in Krefeld. Die monatlichen Mieteinnahmen betragen 1.400 €.
Außerdem hat Herr Grabowski über den Immobilienmakler Dehen aus Neuss ein Baugrundstück in Geldern erworben. Herr Dehen berechnet für seine Leistung 10.000 €.
Notar Dr. Selters aus Grevenbroich hat den Grundstückskaufvertrag in seiner Kanzlei beurkundet. Dr. Selters berechnet hierfür 1.000 €.
Außerdem berät Dr. Selters Herrn Grabowski in erbrechtlichen Angelegenheiten. Für diese Beratung berechnet er 150 €.
Herr Grabowski plant auf dem neuen Grundstück den Bau eines Dreifamilienhauses. Die erforderliche Bauzeichnung entwirft Architekt Schneider aus Düsseldorf. Architekt Schneider berechnet hierfür 8.000 €. Den Rohbau lässt Herr Grabowski von Bauunternehmer Franzen aus Krefeld für 80.000 € errichten.

Bestimmen Sie für jede Einzelleistung den Ort des Umsatzes. Nennen Sie dabei die einschlägigen Rechtsgrundlagen.

Lösung:

	Vermietung	Makler	Architekt
Ort	**Krefeld** (§ 3a Abs. 3 Nr. 1a UStG)	**Geldern** (§ 3a Abs. 3 Nr. 1b UStG)	**Geldern** (§ 3a Abs. 3 Nr. 1c UStG)

	Notar (Grundstücksverkauf)	Notar (Erbrecht)
Ort	**Geldern** (§ 3a Abs. 3 Nr. 1b UStG)	**Grevenbroich** (§ 3a Abs. 1 UStG); private Rechtsberatung eines EU-Bürgers

Bauunternehmer
Ort der Werklieferung (§ 3 Abs. 4 UStG) ist **Geldern** (§ 3 Abs. 7 Satz 1 UStG) - dort, wo sich der Gegenstand bei Verschaffung der Verfügungsmacht (bei Bauabnahme) befindet. Es handelt sich um eine ruhende Lieferung.

AUFGABE

Spediteur Hackl aus Imst (AT) lässt seinen Lkw in der MAN Vertragswerkstatt Huber, Füssen (D), reparieren. Nach der Reparatur wird der Lkw wieder im europäischen Speditionsverkehr eingesetzt. Die Reparaturrechnung in Höhe von netto 2.000 € zahlt Hackl bei Abholung bar. Die beteiligten Unternehmer verwenden die USt-IdNr. ihres Heimatlandes.

Bestimmen Sie den Leistungsort. Nennen Sie dabei die einschlägigen Rechtsgrundlagen.

Lösung:

Ort der Reparaturleistung ist **Imst**/Österreich (§ 3a Abs. 2 UStG; B2B-Umsatz). Laut Aufgabenstellung verwendet der Leistungsempfänger eine USt-IdNr. Damit gibt er zu erkennen, dass er **Unternehmer** ist. Die Spezialvorschrift des § 3a Abs. 3 Nr. 3c UStG kommt damit nicht zur Anwendung.

AUFGABE

Prof. Dr. Herding, Leiter des Lehrstuhls für Marketing an der Universität des Saarlandes in Saarbrücken, hält im Auftrag der IHK Koblenz in der Rhein-Mosel-Halle, Koblenz, einen kostenpflichtigen Vortrag, den er in Saarbrücken erstellt hat, mit dem Titel „Die neuen Marketingstrategien des 21. Jahrhunderts". Das Honorar beträgt 2.000 €.
Außerdem hält Prof. Dr. Herding, Saarbrücken, einen Vortrag vor Studierenden verschiedener Fachbereiche zur „Erstellung einer Dissertation". Für den in Saarlouis (D) durchgeführten Vortrag berechnet Prof. Dr. Herding den Studierenden jeweils 10 € (Gesamteinnahme: 500 €).

Bestimmen Sie die Leistungsorte. Nennen Sie die einschlägigen Rechtsgrundlagen.

Lösung:

Der Ort der sonstigen Leistung für den wissenschaftlichen Vortrag ist **Koblenz** (§ 3a Abs. 2 UStG; Sitzort des Empfängers).

Der Ort der sonstigen Leistung für den Vortrag vor Nichtunternehmern (unterrichtende Leistung) ist **Saarlouis** (§ 3a Abs. 3 Nr. 3a UStG; B2C-Umsatz; Tätigkeitsort).

AUFGABE

Der selbständige Handelsvertreter Thiel aus Hildesheim (D) vermittelt für Textilgroßhändler Schulz aus Hannover (D) ein Warengeschäft im Wert von netto 1.000 € mit einem Einzelhändler aus Bonn. Der Kunde holt die Waren in Hannover ab. Herr Thiel erhält von Herrn Schulz eine Provision in Höhe von 100 €.
Außerdem vermittelt Herr Thiel ein weiteres Warengeschäft im Wert von netto 15.000 € mit einem Händler aus Amsterdam (NL). Herr Schulz erteilt eine Provisionsgutschrift in Höhe von 1.500 €. Der niederländische Kunde holt die Waren in Hannover ab. Die beteiligten Unternehmer verwenden die USt-IdNr. ihres Landes.

Bestimmen Sie den Ort des Umsatzes für jede Einzelleistung. Nennen Sie die einschlägigen Rechtsgrundlagen.

Lösung:

Der Ort der Lieferung für das Warengeschäft zwischen Textilgroßhändler Schulz und dem Einzelhändler aus Bonn ist **Hannover** (§ 3 Abs. 6 Satz 1 UStG).
Der Ort der sonstigen Leistung (Vermittlungsleistung) des Handelsvertreters Thiel ist **Hannover** (§ 3a Abs. 2 UStG; Sitzort des Empfängers).

Der Ort der Lieferung für das Warengeschäft zwischen Textilgroßhändler Schulz und dem niederländischen Kunden ist **Hannover** (§ 3 Abs. 6 Satz 1 UStG).

Der Ort der sonstigen Leistung (Vermittlungsleistung) des Handelsvertreters Thiel ist **Hannover** (§ 3a Abs. 2 UStG; Sitzort des Empfängers). § 3a Abs. 2 Nr. 4 Satz 1 UStG findet in beiden Fällen keine Anwendung, da der Empfänger **Unternehmer** ist.

AUFGABE

Maschinenfabrikant Milles, Halle, verkauft Unternehmer van Keuken, Rotterdam (NL), eine Produktionsmaschine im Wert von netto 100.000 €. Milles befördert die Maschine mit dem eigenen Lkw nach Rotterdam. Die für die Herstellung der Maschine notwendigen Werkstoffe und Fremdbauteile hat Milles in Deutschland für netto 60.000 € bezogen.

a) Prüfen Sie die Steuerpflicht der erbrachten Leistung des Maschinenfabrikanten Milles. Nennen Sie dabei die einschlägigen Rechtsgrundlagen.
b) Kann der leistende Unternehmer Milles Vorsteuerbeträge im Zusammenhang mit seiner Leistung in Anspruch nehmen? Wenn ja, in welcher Höhe?

Lösung:

a) Die Lieferung der Produktionsmaschine ist **steuerbar**, weil alle Voraussetzungen des § 1 Abs. 1 Nr. 1 UStG erfüllt sind.
Die Leistung des Unternehmers Milles ist jedoch eine **steuerfreie** innergemeinschaftliche Lieferung i. S. d. § 4 Nr. 1b i. V. m. § 6a Abs. 1 UStG, sodass die Lieferung im Inland **nicht steuerpflichtig** ist.
b) Milles kann einen Vorsteuerbetrag in Höhe von **11.400 €** (19 % von 60.000 €) in Anspruch nehmen (§ 15 Abs. 1 Nr. 1 i. V. m. Abs. 3 Nr. 1a UStG).

AUFGABE

Kfz-Händler Selmani, Köln, verkauft der belgischen Privatperson de Haan, Brüssel, ein neues Fahrzeug für netto 30.000 €. De Haan fährt mit dem gekauften Pkw nach Brüssel. Selmani hat das neue Fahrzeug von einem deutschen Hersteller für netto 25.000 € bezogen.

a) Prüfen Sie die Steuerpflicht der erbrachten Leistung des Kfz-Händlers Selmani. Nennen Sie dabei die einschlägigen Rechtsgrundlagen.
b) Kann der leistende Unternehmer Selmani Vorsteuerbeträge im Zusammenhang mit seiner Leistung in Anspruch nehmen? Wenn ja, in welcher Höhe?

Lösung:

a) Die Lieferung des Kfz-Händlers Selmani ist **steuerbar**, weil alle Voraussetzungen des § 1 Abs. 1 Nr. 1 UStG erfüllt sind.
Die Leistung des Unternehmers Selmani ist jedoch eine **steuerfreie** innergemeinschaftliche Lieferung eines neuen Fahrzeugs an eine Privatperson (§ 4 Nr. 1b i. V. m. § 6a Abs. 1 UStG), sodass die Lieferung im Inland **nicht steuerpflichtig** ist.
b) Selmani kann einen Vorsteuerbetrag in Höhe von **4.750 €** (19 % von 25.000 €) in Anspruch nehmen (§ 15 Abs. 1 Nr. 1 i. V. m. Abs. 3 Nr. 1a UStG).

AUFGABE

Kfz-Händler Selmani, Köln, verkauft der französischen Privatperson Lejeune, Nancy (F), im April 2026 einen Gebrauchtwagen (Erstzulassung: Dezember 2024/Kilometerstand: 30.000 km) für netto 17.000 €. Lejeune fährt mit dem gekauften Gebrauchtwagen nach Nancy.
Semlani hat diesen Gebrauchtwagen als Vorführwagen vom Kfz-Vertragshändler Öger, Koblenz, für netto 15.000 € bezogen.

a) Prüfen Sie die Steuerpflicht der erbrachten Leistung des Kfz-Händlers Selmani. Nennen Sie dabei die einschlägigen Rechtsgrundlagen.
b) Kann der leistende Unternehmer Selmani Vorsteuerbeträge im Zusammenhang mit seiner Leistung in Anspruch nehmen? Wenn ja, in welcher Höhe?

Lösung:

a) Die Lieferung des Kfz-Händlers Selmani ist **steuerbar**, weil alle Voraussetzungen des § 1 Abs. 1 Nr. 1 UStG erfüllt sind.
Die Leistung des Unternehmers Selmani ist **steuerpflichtig**, da es sich hierbei **nicht** um eine **steuerfreie innergemeinschaftliche Lieferung** eines „neuen" Fahrzeugs an eine Privatperson handelt. (Hinweis: Die Tatbestandsvoraussetzungen des § 1b Abs. 3 UStG sind nicht erfüllt. Es handelt sich **nicht** um ein Neufahrzeug.)
Es gilt das Ursprungslandprinzip.
b) Selmani kann einen Vorsteuerbetrag in Höhe von **2.850 €** (19 % von 15.000 €) in Anspruch nehmen (§ 15 Abs. 1 Nr. 1 UStG).

AUFGABE

Maschinenfabrikant Milles, Halle, verkauft Unternehmer Zügli, Basel (CH), eine Produktionsmaschine im Wert von netto 100.000 € „unverzollt und unversteuert". Milles befördert die Maschine mit dem eigenen Lkw nach Basel.
Die für die Herstellung der Maschine notwendigen Werkstoffe und Fremdbauteile hat Milles in Deutschland für netto 60.000 € bezogen.

a) Prüfen Sie die Steuerpflicht der erbrachten Leistung des Maschinenfabrikanten Milles. Nennen Sie dabei die einschlägigen Rechtsgrundlagen.
b) Kann der leistende Unternehmer Milles Vorsteuerbeträge im Zusammenhang mit seiner Leistung in Anspruch nehmen? Wenn ja, in welcher Höhe?

Lösung:

a) Die Lieferung der Maschine ist **steuerbar**, weil alle Voraussetzungen des § 1 Abs. 1 Nr. 1 UStG erfüllt sind.
Die Leistung des Unternehmers Milles ist jedoch eine **steuerfreie** Ausfuhrlieferung (§ 4 Nr. 1a i.V.m. § 6 Abs. 1 UStG), sodass die Lieferung im Inland **nicht steuerpflichtig** ist.
b) Milles kann einen Vorsteuerbetrag in Höhe von **11.400 €** (19 % von 60.000 €) in Anspruch nehmen (§ 15 Abs. 1 Nr. 1 i.V.m. Abs. 3 Nr. 1a UStG).

AUFGABE

Kardiologe Dr. med. Schönenberg, Bonn, behandelt Privatpatientin Vera Neufeld, Bonn. Frau Neufeld musste u.a. einen Gesundheitstest auf einem Ergometer durchführen. Für diese Behandlung berechnet Dr. Schönenberg 100 €.
Das Ergometer hatte Dr. Schönenberg vor einem Monat für netto 2.000 € von einem deutschen Gerätehersteller bezogen.

a) Prüfen Sie die Steuerpflicht der erbrachten Leistung des Kardiologen Dr. Schönenberg. Nennen Sie dabei die einschlägigen Rechtsgrundlagen.
b) Kann der leistende Unternehmer Schönenberg Vorsteuerbeträge im Zusammenhang mit seiner Leistung in Anspruch nehmen? Wenn ja, in welcher Höhe?

Lösung:

a) Die sonstigen Leistungen des Unternehmers Schönenberg sind **steuerbar**, weil alle Voraussetzungen des § 1 Abs. 1 Nr. 1 UStG erfüllt sind.
Die sonstigen Leistungen des Unternehmers Schönenberg sind jedoch **steuerfrei** i.S.d. § 4 Nr. 14 Buchst. a) UStG, sodass die Leistungen im Inland **nicht steuerpflichtig** sind.
b) Dr. Schönenberg kann **keine** Vorsteuerbeträge in Anspruch nehmen, weil seine Leistungen im Zusammenhang mit steuerfreien Umsätzen stehen (§ 15 Abs. 2 Nr. 1 UStG).

AUFGABE

Tierarzt Dr. Bernhard aus Kiel behandelt Frau Stamms Hund auf einem neu angeschafften Behandlungstisch. Dr. Bernhard berechnet für die Behandlung des Hundes netto 80 €. Den Behandlungstisch hat Dr. Bernhard vor einer Woche von einem deutschen Hersteller für netto 440 € bezogen.

a) Prüfen Sie die Steuerpflicht der erbrachten Leistung des Tierarztes Dr. Bernhard. Nennen Sie dabei die einschlägigen Rechtsgrundlagen.
b) Kann der leistende Unternehmer Bernhard Vorsteuerbeträge im Zusammenhang mit seiner Leistung in Anspruch nehmen? Wenn ja, in welcher Höhe?

Lösung:

a) Die sonstigen Leistungen des Unternehmers Bernhard sind **steuerbar**, weil alle Voraussetzungen des § 1 Abs. 1 Nr. 1 UStG erfüllt sind.
Die sonstigen Leistungen des Unternehmers Bernhard sind auch **steuerpflichtig**, weil sie **nicht steuerfrei** sind (kein Humanmediziner i.S.d. § 4 Nr. 14 Buchst. a) UStG).
b) Dr. Bernhard kann einen Vorsteuerbetrag in Höhe von **83,60 €** (19 % von 440 €) in Anspruch nehmen, weil seine Leistungen mit steuerpflichtigen Umsätzen im Zusammenhang stehen (§ 15 Abs. 1 Nr. 1 UStG).

AUFGABE

Das in Deutschland ansässige Saatgutunternehmen D liefert im März 2026 Saatgut an einen in Frankreich ansässigen Landwirt F, der dort mit seinen Umsätzen der Pauschalregelung für Land- und Forstwirte unterliegt. Das Saatgut wird durch einen Frachtführer im Auftrag des D vom Sitz des D zum Sitz des F nach Dijon befördert. Das Entgelt für das Saatgut beträgt 2.000 €. F hat außer dem Saatgut im Jahr 2026 keine weiteren innergemeinschaftlichen Erwerbe getätigt und in Frankreich auch nicht zur Besteuerung der innergemeinschaftlichen Erwerbe optiert. F ist gegenüber D nicht mit einer französischen USt-IdNr. aufgetreten.

Ist die Lieferung des D in Deutschland steuerfrei? Begründen Sie Ihre Antwort.

Lösung:

Die Lieferung des D ist **nicht** als **innergemeinschaftliche Lieferung** zu behandeln, weil F mit seinem Erwerb in Frankreich **nicht** der Besteuerung des innergemeinschaftlichen Erwerbs unterliegt. F unterliegt in Frankreich der Pauschalregelung für Land- und Forstwirte. Er überschreitet nicht die Erwerbsschwelle und hat auch nicht auf deren Anwendung verzichtet (vgl. die entsprechende deutsche Vorschrift § 1a Abs. 3 Nr. 1c UStG). Die Lieferung des D ist als inländische Lieferung **nicht steuerfrei**, sondern steuerbar und steuerpflichtig (BMF-Schreiben vom 05.05.2010, BStBl 2010 I Seiten 508 ff.).

AUFGABE

Der in Deutschland ansässige Weinhändler D, dessen Umsätze nicht der Durchschnittsbesteuerung (§ 24 UStG) unterliegen, liefert fünf Kisten Wein an den in Limoges (Frankreich) ansässigen Versicherungsvertreter F (nicht zum Vorsteuerabzug berechtigter Unternehmer). D befördert die Ware mit eigenem Lkw nach Limoges. Das Entgelt für die Lieferung beträgt 1.500 €. F hat D seine französische USt-IdNr. mitgeteilt. F hat außer dem Wein keine weiteren innergemeinschaftlichen Erwerbe getätigt.

Ist die Lieferung des D in Deutschland steuerfrei? Begründen Sie Ihre Antwort.

Lösung:

Für D ist die Lieferung des Weins als verbrauchsteuerpflichtige Ware eine **innergemeinschaftliche Lieferung**, weil der Wein aus dem Inland nach Frankreich gelangt, der Abnehmer ein Unternehmer ist und mit der Verwendung seiner USt-IdNr. auftritt, kann D davon ausgehen, dass der Wein für das Unternehmen des F erworben wird und in Frankreich besteuert werden soll. Unbeachtlich ist, ob F in Frankreich die Erwerbsschwelle überschritten hat oder nicht (vgl. analog für Deutschland § 1a Abs. 5 i.V.m. Abs. 3 UStG). Unbeachtlich ist auch, ob F in Frankreich tatsächlich einen innergemeinschaftlichen Erwerb erklärt oder nicht. Die Lieferung des D ist als inländische Lieferung steuerbar und **steuerfrei** (BMF-Schreiben vom 05.05.2010, BStBl 2010 I Seite 508).

AUFGABE

Bauunternehmer Hermann Ziegler, Bonn, erwirbt im Januar 2026 von einem Baustoffhändler aus Köln 50 Betonblockstufen zu einem Nettopreis von 40 € je Stück.
Im März 2026 veräußert Ziegler eine Betonblockstufe zu einem Preis von 50 € (inkl. 19 % USt) an den Mitarbeiter Karl Müller.
Der Baustoffhändler hebt im Februar 2026 die Preise um 10 % gegenüber dem Bestellmonat Januar an.
Ziegler veräußert im Normalfall die Betonblockstufen zu 69 € je Stück zuzüglich 19 % USt.

Nehmen Sie die Lösung laut dem folgenden Schema vor:

Art der Leistung	
Rechtsgrundlage	
Bemessungsgrundlage	
Rechtsgrundlage	
Begründung	
Höhe der Umsatzsteuer	

Lösung:

Art der Leistung	**Lieferung** (an Personal)
Rechtsgrundlage	**§ 3 Abs. 1 UStG**
Bemessungsgrundlage	**44 €** [40 € + 4 € (10 %) = 44 €] / nicht 42,02 € (50 € : 1,19)
Rechtsgrundlage	**§ 10 Abs. 5 Nr. 2 UStG i. V. m. § 10 Abs. 4 Nr. 1 UStG**
Begründung	Werden Lieferungen entgeltlich, aber verbilligt ausgeführt, so sind für diese Umsätze mindestens der **Nettoeinkaufspreis zum Zeitpunkt des Umsatzes** anzusetzen. (Mindest-Bemessungsgrundlage)
Höhe der Umsatzsteuer	**8,36 €** (19 % von 44 €)

AUFGABE

Der Hotelier Egon Meyer, Berlin, erbringt an den Rentner Leonard Klein für den Zeitraum vom 16.03. bis 20.03.2026 eine Übernachtungsleistung mit Frühstück für insgesamt 476 € (119 € x 4 Übernachtungen). Das Frühstück ist im Übernachtungspreis enthalten.

1. Prüfen Sie, welche Steuersätze bei den Sachverhalten anzuwenden sind.
2. Wie hoch ist die Umsatzsteuer des Hoteliers Meyer?

Lösung:

1. Die Vermietung von Wohn- und Schlafräumen, die ein Unternehmer zur kurzfristigen Beherbergung von Fremden bereitstellt, unterliegt nach § 12 Abs. 2 **Nr. 11** UStG dem ermäßigten Steuersatz von 7 %.
   Von der Steuerermäßigung ausdrücklich **ausgenommen** sind nach § 12 Abs. 2 Nr. 11 **Satz 2** UStG Leistungen, die nicht unmittelbar der Vermietung dienen, auch wenn diese Leistungen mit dem Entgelt für die Vermietung abgegolten sind (z. B. das Frühstück).
   Für Restaurant- und Verpflegungsdienstleistungen gilt **seit dem 01.01.2026** (wieder) der **ermäßigte** Steuersatz. Allerdings **nicht** für die Abgabe von **Getränken** (§ 12 Abs. 2 Nr. 15 UStG).
   Die Finanzverwaltung sieht für **Hotelangebote**, bei denen verschiedene Leistungen mit einem **einzigen Preis** abgegolten werden, eine **pauschale Aufteilung** vor (BMF-Schreiben vom 22.12.2025, III C 2 - S 7220/00023/014/027). **Ab dem 01.01.2026** kann der **Entgeltanteil** für mit dem **allgemeinen Steuersatz** belegte Leistungen mit **15% des Gesamtpreises** angesetzt werden. Auf die Leistungen, die dem **ermäßigten Steuersatz** unterliegen, enfällt entsprechend ein **Entgeltanteil von 85% des Gesamtpreises**.
2. Die Umsatzsteuer für Hotelier Egon Meyer beträgt **37,87 €**, wie die folgende Berechnung zeigt:

Anteil19 %:	71,40 € brutto (476 € x 15 %)	
	= 60,00 € netto (71,40 € : 1,19)	
	= **11,40 €** (60,00 € x 19 %) Umsatzsteuer	
Anteil 7 %:	404,60 € brutto (476 € x 85 %)	
	= 378,13 € netto (404,60 € : 1,07)	
	= **26,47 €** (378,13 € x 7 %) Umsatzsteuer	
Umsatzsteuer insgesamt:	Anteil 19 %	11,40 €
	Anteil 7 %	26,47 €
		37,87 €

AUFGABE

Welcher Umsatzsteuersatz ist bei den Sachverhalten 1 bis 6 anzuwenden?

1. Gemüsehändler Gerke verkauft Tomaten,
2. Reformhaus Ökofein verkauft naturbelassene Gemüsesäfte,
3. Apotheker Renz verkauft Arzneimittel,
4. Blumenhändler Röser verkauft Schnittblumen,
5. Getränkehändler Daum verkauft eine Kiste Mineralwasser,
6. Kunsthändler Eder verkauft eine antike ägyptische Vase.

Lösung:

1. Tomatenverkauf	7 %	(§ 12 Abs. 2 Nr. 1 + Anlage lfd. Nr. 10b)
2. Saftverkauf	19 %	(§ 12 Abs. 1; nicht Anlage lfd. Nr. 32)
3. Arzneimittelverkauf	19 %	(§ 12 Abs. 1)
4. Blumenverkauf	7 %	(§ 12 Abs. 2 Nr. 1 + Anlage lfd. Nr. 8)
5. Wasserverkauf	19 %	(§ 12 Abs. 1; nicht lfd. Nr. 34)
6. Vasenverkauf	19 %	(§ 12 Abs. 1, früher 7 %, seit 01.01.2014 19 %.

AUFGABE

Bauunternehmer Hermann Ziegler, Bachstr. 10, 53179 Bonn, legt Ihnen die folgende Rechnung vor. Er bittet Sie, um die Beantwortung der beiden folgenden Fragen.

1. Enthält die vorliegende Rechnung alle für den Vorsteuerabzug erforderlichen Angaben? Nennen Sie gegebenenfalls die fehlenden Angaben, die eine ordnungsgemäße Rechnung vorsieht und geben Sie die jeweiligen Rechtsgrundlagen an.
2. Wie lange ist die vorliegende Rechnung – Ordnungsmäßigkeit sei unterstellt – aufzubewahren? Geben Sie das genaue Datum und die Rechtsgrundlage an.

PKZ-budimex GmbH

50968 Köln
Pferdemengestr. 5
Fon: 0221/937022-0
Fax: 0221/3731799

Bauunternehmer
Herrmann Ziegler
Bachstr. 10

53179 Bonn

Rechnung

Köln, 20.01.2026

Rechnungsnummer: 15/1937

Anzahl	Artikelbezeichnung	Stückpreis	Gesamtpreis
50	Betonblockstufen	40 €	2.000,00 €
		+ 19 % USt	380,00 €
		Summe	2.380,00 €

Zahlung:
- innerhalb von 30 Tagen Rechnungsdatum netto
- innerhalb von 10 Tagen 2 % Skonto

Bankverbindung:
- Volksbank Köln BIC: GENODED1CGN, BLZ für IBAN 37160087
- Deutsche Bank Köln BIC: DEUTDEDBKOE, BLZ für IBAN 37070024

Lösung:

1. Voraussetzung für den Vorsteuerabzug ist, dass der Leistungsempfänger im Besitz einer nach den §§ 14 und 14a ausgestellten Rechnung ist und dass die Rechnung alle in den §§ 14 und 14a geforderten Angaben enthält, d.h. die Angaben in der Rechnung vollständig und richtig sind.
   In der vorliegenden Rechnung fehlen folgende Angaben, sodass ein Vorsteuerabzug ausgeschlossen ist:
   - **Steuernummer** oder **Umsatzsteuer-Identifikationsnummer** des leistenden Unternehmers (§ 14 Abs. 4 **Nr. 2** UStG),
   - der **Zeitpunkt der Leistung** (§ 14 Abs. 4 **Nr. 6** UStG).

   § 14 Abs. 4 **Nr. 9 + 10** UStG (Hinweis auf Aufbewahrungspflicht + Gutschrift) sind nicht erforderlich, weil keine entsprechenden Sachverhalte vorliegen.
2. Nach § 14b Abs. 1 **Satz 1** UStG hat der Unternehmer Ziegler die vorliegende Rechnung **acht Jahre** (bis 31.12.2034) aufzubewahren.

AUFGABE

Ist Bauunternehmer Hermann Ziegler, Bonn, verpflichtet, für die folgenden Leistungen eine ordnungsgemäße Rechnung i.S.d. § 14 UStG zu erstellen?

1. Lieferung von Kies im Wert von netto 4.000 € an einen privaten Endabnehmer aus Bonn. Die Verarbeitung der Kieslieferung übernimmt der Endabnehmer selbst.
2. Erstellung eines Rohbaus im Wert von netto 90.000 € an einen privaten Endabnehmer aus Köln.

Lösung:

1. Gem. § 14 Abs. 2 Satz 1 Nr. 2 UStG ist Bauunternehmer Ziegler **nicht** verpflichtet, eine Rechnung i.S.d. § 14 UStG auszustellen. Es handelt sich bei der Kieslieferung um eine „normale" Warenlieferung (§ 3 Abs. 1 UStG) an einen Nichtunternehmer.
2. Bauunternehmer Ziegler erbringt eine steuerpflichtige Werklieferung i.S.d. § 3 Abs. 4 Satz 1 UStG. In diesem Fall ist Herr Ziegler **verpflichtet,** eine Rechnung i.S.d. § 14 UStG auszustellen, auch wenn der Leistungsempfänger ein privater Endabnehmer ist (§ 14 Abs. 2 Satz 1 Nr. 1 UStG). Der Endabnehmer ist grundsätzlich verpflichtet, die Rechnung zwei Jahre aufzubewahren (§ 14b Abs. 1 Satz 5 UStG).

AUFGABE

Prüfen Sie, in welcher Höhe in den folgenden Fällen Vorsteuer geltend gemacht werden kann. Sollte ein Vorsteuerabzug nicht möglich sein, begründen Sie Ihre Antwort.
Verwenden Sie dabei die folgende Lösungstabelle:

Nr.	Vorsteuerabzug ja/nein	Vorsteuerabzug in € oder Begründung
1.		
2.		
3.		
4.		

1. Die Starnberger Gemüsehändlerin Petra Metzler kauft von einem italienischen Großhändler Weintrauben für netto 300 €. Beide Unternehmer verwenden die USt-IdNr. ihres Landes.
2. Der Tierarzt Dr. Müller kauft ein Medikament für 100 € + 19 % USt für seine Tierpraxis in München. Der Lieferant ist ebenfalls Unternehmer aus München.
3. Der Unternehmer Max Weber, Köln, kauft Waren für 200 € + 38 € USt von Peter Maier, Köln. Herr Maier ist Kleinunternehmer nach § 19 UStG.
4. Der Versicherungsvertreter Rudi Klein aus Passau kauft für sein Büro einen Schreibtisch für 400 € + 19 % USt bei einem Möbelhaus aus Passau.

Lösung:

Nr.	Vorsteuerabzug ja/nein	Vorsteuerabzug in € oder Begründung
1.	**ja**	**21 €** Vorsteuerabzug (7 % von 300 €) innergemeinschaftlicher Erwerb (§ 15 Abs. 1 Nr. 3 UStG)
2.	**ja**	**19 €** Vorsteuerabzug (19 % von 100 €) Tierarzt erzielt steuerpflichtige Umsätze (§ 15 Abs. 1 Nr. 1 UStG).
3.	**nein**	Nach § 14c i. V. m. § 15 UStG ist ein Vorsteuerabzug bei zu Unrecht ausgewiesener USt nicht möglich.
4.	**nein**	Rudi Klein erzielt als Versicherungsvertreter nach § 4 Nr. 11 UStG nur steuerfreie Umsätze, sodass ein Vorsteuerabzug nach § 15 Abs. 2 Nr. 1 UStG nicht möglich ist.

AUFGABE

Der Unternehmer U erstellt Ende 2026 ein Einfamilienhaus in Köln (Bauantrag: Anfang 2025) für 800.000 € + 152.000 € = 952.000 €, das er zu 70 % für eigene Wohnzwecke und zu 30 % für unternehmerische Zwecke nutzt. U hat das gemischt genutzte Grundstück (Gebäude) vollständig dem Unternehmensvermögen zugeordnet.

In welcher Höhe kann U die Vorsteuer in 2026 geltend machen?

Lösung:

U kann in 2026 Vorsteuer in Höhe von **45.600 €** (30 % von 152.000 €) geltend machen (§ 15 **Abs. 1b** UStG).

Eine Besteuerung als unentgeltliche Wertabgabe erfolgt nicht (§ 3 Abs. 9a Nr. 1 UStG).

AUFGABE

Sachverhalt wie in der Aufgabe zuvor mit dem Unterschied, dass U die gesamte Fassade des Gebäudes in 2027 erneuern lässt. Die dabei entstehenden Kosten werden 30.000 € + 5.700 € USt = 35.700 € betragen.

In welcher Höhe kann U die Vorsteuer in 2027 geltend machen?

Lösung:

U kann in 2027 für die Fassadenerneuerung Vorsteuer in Höhe von **1.710 €** (30 % von 5.700 €) für den unternehmerisch genutzten Teil des Hauses geltend machen (§ 15 Abs. 4 Satz 4 UStG).

Der Vorsteuerabzug ist ausgeschlossen, soweit er **nicht** auf die Verwendung des Grundstücks (Gebäudes) für Zwecke des Unternehmens entfällt (§ 15 **Abs. 1b** UStG).

AUFGABE

Sachverhalt wie in der Aufgabe zuvor mit dem Unterschied, dass U in 2028 ff. einen weiteren Raum des Gebäudes für sein Unternehmen nutzt, sodass der unternehmerische Nutzungsanteil auf 40 % steigt.

In welcher Höhe kann U die Vorsteuer in den Jahren 2028 ff. geltend machen?

Lösung:

U kann ab 2028 jährlich eine positive Vorsteuerberichtigung in Höhe von **1.520 €** (10 % von 152.000 €) geltend machen (§ 15a Abs. 6a UStG).

AUFGABE

Die Umsatzsteuerschuld des Unternehmers Franz Großhennrich, Rheinblick 54, 56077 Koblenz, betrug in 2025 8.450 €. Unternehmer Großhennrich hat in 2025 seine Umsatzsteuer-Voranmeldungen monatlich elektronisch an das Finanzamt übermittelt.

Muss Unternehmer Großhennrich seine Umsatzsteuer-Voranmeldungen in 2026 monatlich oder vierteljährlich an das Finanzamt übermitteln? Wie wird das Finanzamt reagieren?

Lösung:

Unternehmer Großhennrich muss seine Umsatzsteuer-Voranmeldungen in 2026 **vierteljährlich** an das Finanzamt übermitteln, weil seine Umsatzsteuerschuld im Vorjahr (2025) mehr als 2.000 Euro, aber nicht mehr als 9.000 Euro betragen hat (§ 18 Abs. 2 UStG).

Das Finanzamt Koblenz wird den Unternehmer Großhennrich wie folgt informieren:

Finanzamt Koblenz

56060 Koblenz, 13.01.2026
Ferdinand-Sauerbruch-Str. 19

Steuernummer: 22/220/1042/5
(Bitte bei Rückfragen angeben)

Herrn
Franz Großhennrich
Rheinblick 54
56077 Koblenz

Betreff: Abgabe der Umsatzsteuer-Voranmeldung und Entrichtung der Umsatzsteuer-Vorauszahlungen

Sehr geehrte Dame, sehr geehrter Herr,

Ihre Umsatzsteuer für das vorangegangene Kalenderjahr hat nicht mehr als 9.000 € betragen. Sie sind deshalb verpflichtet, Ihre Umsatzsteuer-Voranmeldungen vierteljährlich abzugeben (§ 18 Abs. 2 Satz 1 UStG).
Geben Sie bitte erstmalig für das 1. Kalendervierteljahr 2026 eine Voranmeldung ab. Die Vorauszahlungen sind entsprechend an die Finanzkasse zu entrichten.

Mit freundlichen Grüßen

Ihr Finanzamt

AUFGABE

Herr Huber betreibt in München ein Groß- und Einzelhandelsgeschäft für Damen- und Herrenoberbekleidung. Er versteuert als Monatszahler seine Umsätze nach vereinbarten Entgelten. Bei EU-Umsätzen verwendet er seine USt-IdNr. Alle erforderlichen Bescheinigungen und Nachweise liegen vor. Aus dem jeweiligen Sachverhalt lässt sich erkennen, ob es sich um Brutto- oder Nettobeträge handelt.
Aus den Büchern und Unterlagen des Herrn Huber ergeben sich für den Monat Dezember 2026 die nachfolgenden Vorgänge.

Ermitteln Sie die Umsatzsteuerschuld (Zahllast) für den Monat Dezember 2026. Verwenden Sie dabei die folgende Lösungstabelle:

Nr.	nicht steuerbarer Umsatz (€)	steuerfreier Umsatz (€)	stpfl. Umsatz 7 % (€)	stpfl. Umsatz 19 % (€)	Vorsteuer (€)
1. 2. . .					

1.	Einnahmen aus dem Verkauf von Bekleidung an Kunden im Inland	95.200,00 €
2.	Einnahmen aus dem Verkauf von Anzügen an einen Textilhändler, Sitz Zürich (Lieferung unverzollt und unversteuert)	4.800,00 €
3.	Einnahmen aus dem Verkauf von Damenmäntel an Abnehmer in Dänemark und Holland (Unternehmer mit USt-IdNr.)	8.400,00 €
4.	Einnahmen aus dem Verkauf eines Kostüms an eine Angestellte Es betragen: der übliche Verkaufspreis brutto 714 €, der Bezugspreis zum Zeitpunkt des Verkaufs netto 320 €.	357,00 €
5.	Mängelrüge eines Kunden, ausgezahlter Preisnachlass brutto	476,00 €
6.	Folgende Weihnachtsgeschenke wurden gemacht:	
6.1.	Ein Kunde erhielt eine Seidenkrawatte aus dem Warenbestand Bezugspreis netto Verkaufspreis brutto	 25,00 € 54,00 €
6.2.	Ein anderer Kunde bekam 1 Flasche Champagner, gekauft für brutto Beim Kauf wurde Vorsteuer in Höhe von 8,55 € gebucht.	53,55 €
7.	Huber hat folgende Wareneinkäufe getätigt:	
7.1.	Herrenanzüge geliefert vom Hersteller Gardini aus Mailand (Italien) mit USt-IdNr.	14.540,00 €
7.2.	verschiedene Hemden, geliefert von einer Fabrik in Thailand Die Lieferung erfolgt unverzollt und unversteuert.	4.200,00 €
7.3.	Bekleidung von Herstellern im Inland für netto	24.000,00 €
8.	Gutschrift von einem deutschen Lieferer für Warenrücksendung brutto	3.570,00 €
9.	Einnahmen aus dem Verkauf von Modezeitschriften	128,40 €
10.	Rechnung der Telekom über Grund- und Gesprächsgebühren brutto Privatanteil 10 %	499,80 €
11.	Huber ist Eigentümer eines Geschäftshauses (Baujahr 2009). Die drei Geschosse sind flächenmäßig gleich; Option nach § 9 UStG liegt vor.	
11.1.	Im EG sind seine Verkaufsräume untergebracht, monatliche Ausgaben netto	4.400,00 €
11.2.	Das 1. OG ist an eine Versicherungsgesellschaft vermietet, Mieteinnahme	2.200,00 €
11.3.	Das 2. OG ist an einen Rechtsanwalt (Kanzleiräume) vermietet, Mieteinnahme	2.618,00 €
11.4.	Ein Handwerker berechnet für die Dachreparatur des Geschäftshauses brutto	4.016,25 €

Lösung:

Nr.	nicht steuerbarer Umsatz (€)	steuerfreier Umsatz (€)	stpfl. Umsatz 7 % (€)	stpfl. Umsatz 19 % (€)	Vorsteuer (€)
1.				80.000,00	
2.		4.800,00			
3.		8.400,00			
4.				320,00	
5.				- 400,00	
6.1	25,00				
6.2					- 8,55
7.1				14.540,00	2.762,60
7.2					798,00
7.3					4.560,00
8.					- 570,00
9.			120,00		
10.					71,82
11.1	4.400,00				
11.2		2.200,00			
11.3				2.200,00	
11.4					427,50*
			120,00	**96.660,00**	**8.041,37**

* ⅔ der USt (641,25 €) ist als Vorsteuer abziehbar (EG + 2. OG)

Umsatzsteuer (Traglast):		
7 % von 120,00 € =	8,40 €	
19 % von 96.660,00 € =	18.365,40 €	18.373,80 €
- Vorsteuer (einschl. EUSt)		- 8.041,37 €
= Umsatzsteuerschuld (Zahllast)		**10.332,43 €**

zu Nr. 7.2:

Die Einfuhrumsatzsteuer (EUSt) wird nicht von den Finanzämtern, sondern von den Zollbehörden erhoben und verwaltet. Die entstandene Einfuhrumsatzsteuer kann jedoch als abziehbare Vorsteuer bei den Finanzämtern geltend gemacht werden (§ 15 Abs. 1 Satz 1 Nr. 2 UStG).

zu Nr. 10:

Die Vorsteuer in Höhe von 79,80 € ist um den privaten Anteil von 10 % in Höhe von 7,98 € zu kürzen, sodass insgesamt 71,82 € abziehbar sind.

AUFGABE

Thomas Teuer (T) betreibt in Göttingen auf eigenem Grundstück einen Lebensmittelmarkt. T ist Monatszahler und versteuert seine Umsätze nach § 16 UStG. Er hat, soweit möglich, auf Steuerbefreiungen verzichtet. Erforderliche buch- und belegmäßige Nachweise liegen vor. Rechnungen entsprechen den gesetzlichen Anforderungen.
Eine Genehmigung zur erleichterten Trennung der Entgelte wurde erteilt (Abschn. 22.6 Abs. 14 UStAE).

Ermitteln Sie die Umsatzsteuer-Vorauszahlung/Überschuss für den Monat November 2026 unter Berücksichtigung der folgenden Angaben.

1.	Wareneingang, ermäßigter Steuersatz, brutto	67.410,00 €
2.	Wareneingang, Regelsteuersatz, brutto	35.700,00 €
	T kalkuliert diese Waren mit einem Rohgewinnaufschlagsatz von 32 %.	
3.	Bruttoumsatz des Monats November 2026 insgesamt	135.174,00 €
4.	Im November 2026 wird der alte Betriebs-Pkw verkauft, Rechnungsbetrag	10.710,00 €
	Die Bezahlung der Rechnung erfolgt im Dezember 2026.	
5.	T bestellt Ende September 2026 unter seiner deutschen USt-IdNr. ein Kühlregal in Frankreich. Der französische Hersteller liefert das Regal im Oktober 2026, schickt die Rechnung aber erst im Dezember 2026	8.000,00 €
6.	In seinem Betriebsgebäude vermietet T seit 2026 drei Wohnungen und ein Rechtsanwaltsbüro. Die Mieteinnahmen betragen mtl.	8.008,00 €
	Davon entfallen auf die Wohnungen	4.200,00 €
	Von der gesamten Nutzfläche des Gebäudes entfallen 40 % auf die Wohnungen und 60 % auf das Rechtsanwaltsbüro und den Lebensmittelmarkt.	
7.	Im November 2026 erhält T eine Elektrikerrechnung für Reparaturarbeiten in seinem Verkaufsraum über brutto	1.606,50 €
	T überweist den Betrag im Dezember 2026 unter Abzugf von 5 % Skonto.	
8.	Das Haus wird im Oktober 2026 neu gestrichen. Die Rechnung geht im November 2026 ein und wird im Dezember 2026 bezahlt, brutto	15.841,88 €

Lösung:

1. Trennung der Entgelte (Abschn. 22.6 Abs. 14 UStAE)

Für den Monat November 2026 ergeben sich aus den Tz. 1 bis 3 folgende Zahlen:

Einkaufsentgelte (netto) der 7 %-Waren (Tz. 1)	63.000,00 €
Einkaufsentgelte (netto) der 19 %-Waren (Tz. 2)	30.000,00 €
Bruttoumsatz (7 % + 19 %) insgesamt (Tz. 3)	135.174,00 €

Die Trennung der Entgelte ist für den Monat November 2026 wie folgt vorzunehmen:

Siehe Lehrbuch Seite 394 ff.

			Entgelte in €
	Einkaufsentgelte zu 19 %	30.000 €	
+	**Aufschlagsatz 32 %**	**9.600 €**	
=	Verkaufsentgelte zu 19 %	39.600 €	**39.600,00**
+	19 % USt	7.524 €	
=	Bruttoumsatz zu 19 %	47.124 €	
	Bruttoumsatz insgesamt	135.174 €	
-	Bruttoumsatz zu 19 %	- 47.124 €	
=	Bruttoumsatz zu 7 %	88.050 €	**82.290,00**

2. Berechnung der USt-Vorauszahlung

Tz.	Vorgang	steuerbar	steuerfrei	steuerpflichtig		Vorsteuer
				7 %	19 %	
		€	€	€	€	€
1.-3.				82.290	39.600	10.110,00
4.	Hilfsgeschäft	9.000			9.000	
5.	innerg. Erwerb (§ 1a) § 13 Abs. 1 Nr. 6 § 15 Abs. 1	8.000			8.000	1.520,00
6.	Miete RA Wohnung	3.200 4.200	4.200		3.200	
7.	§ 15 § 17 (Dez. 2026)					256,50
8.	§ 15 Abs. 4 60 % von 2.529,38					1.517,63
				82.290	59.800	13.404,13

Umsatzsteuer (Traglast):		
7 % von 82.290 € =	5.760,30 €	
19 % von 59.800 € =	11.362,00 €	17.122,30 €
- Vorsteuer		- 13.404,13 €
= Umsatzsteuerschuld (Zahllast)		**3.718,17 €**

AUFGABE

1. Stefan Gottschalk betreibt in Köln einen Handel für Nutzfahrzeuge und Fahrzeugaufbauten. Er versteuert seine Umsätze nach vereinbarten Entgelten und ist Monatszahler mit einer vom Finanzamt Köln-Mitte eingeräumten Dauerfristverlängerung.
   Stefan Gottschalk schließt im Juli 2026 mit der in Düsseldorf ansässigen Spedition Denkhaus einen Kaufvertrag über einen Kleinbus zum Preis von 17.850 € (inkl. 19 % Umsatzsteuer) ab. Vereinbarter Lieferzeitpunkt ist der 14.08.2026.
   Am 07.08.2026 gerät Denkhaus jedoch in wirtschaftliche Schwierigkeiten. Daraufhin vereinbaren Stefan Gottschalk und Denkhaus einvernehmlich die Auflösung des abgeschlossenen Kaufvertrages gegen eine Entschädigung von 1.700 € an Stefan Gottschalk.
   Wie ist die Entschädigung umsatzsteuerlich zu behandeln? Begründen Sie Ihre Entscheidung.
2. Nach der Vertragsauflösung mit Denkhaus gelingt es Stefan Gottschalk, den Kleinbus für die Zeit vom 01.09.2026 bis zum 30.09.2026 für brutto 750 € an den österreichischen Fuhrunternehmer Leitner zu vermieten.
   Leitner tritt gegenüber Stefan Gottschalk mit seiner österreichischen USt-IdNr. auf. Deshalb verzichtet Stefan Gottschalk in der Rechnung auf den Ausweis der Umsatzsteuer. Leitner überweist die 750 € vereinbarungsgemäß am 06.10.2026 auf das Geschäftskonto des Stefan Gottschalk. Leitner holt den Kleinbus mit eigenem Lkw in Köln ab und verbringt ihn nach Wien, wo er für die Dauer der Mietzeit ausschließlich betrieblich genutzt wird.
   Beurteilen Sie den 2. Sachverhalt für Stefan Gottschalk nach dem folgenden Schema:

Art der Leistung	
Ort der Leistung	
Steuerbarkeit	
Steuerfreiheit/Steuerpflicht	
Bemessungsgrundlage	
Höhe der Umsatzsteuer	

3. Am 23.10.2026 veräußert Stefan Gottschalk an den regelversteuernden Unternehmer Klein aus Brügge (Belgien) einen gebrauchten Fahrzeuganhänger für netto 14.500 €. Klein tritt gegenüber Stefan Gottschalk mit seiner belgischen USt-IdNr. auf. Stefan Gottschalk befördert den Anhänger mit eigenem Lkw von Köln nach Brügge.
   Beurteilen Sie den 3. Sachverhalt für Stefan Gottschalk nach dem folgenden Schema:

Art der Leistung	
Ort der Leistung	
Steuerbarkeit	
Steuerfreiheit/Steuerpflicht	
Bemessungsgrundlage	
Höhe der Umsatzsteuer	

zu 1.

Es liegt ein **echter Schadenersatz** vor, bei dem es an einem Leistungsaustausch fehlt (Abschn. 1.3 Abs. 1 und Abs. 2 UStAE).

Es liegt **kein Leistungsaustausch** vor, da Leistung und Gegenleistung fehlen (Abschn. 1.1 Abs. 1 UStAE). Der Vorgang ist **nicht steuerbar**.

zu 2.

Art der Leistung	sonstige Leistung (§ 3 Abs. 9 UStG)
Ort der Leistung	Köln (§ 3a Abs. 3 Nr. 2 UStG) Es handelt sich um eine kurzfristige Vermietung eines Beförderungsmittels. Die o.g. gesetzliche Sonderregelung gilt für B2C- und B2B-Fälle.
Steuerbarkeit	steuerbar (§ 1 Abs. 1 Nr. 1 UStG)
Steuerfreiheit/Steuerpflicht	nicht steuerfrei, folglich steuerpflichtig
Bemessungsgrundlage	630,25 € (750 € : 1,19); § 10 Abs. 1 UStG)
Höhe der Umsatzsteuer	119,75 € (19 % v. 630,25 € ; § 12 Abs. 1 UStG)

zu 3.

Art der Leistung	Lieferung (§ 3 Abs. 1 UStG)
Ort der Leistung	Köln (§ 3 Abs. 6 Satz 1 UStG)
Steuerbarkeit	steuerbar (§ 1 Abs. 1 Nr. 1 UStG)
Steuerfreiheit/Steuerpflicht	steuerfreie innergemeinschaftliche Lieferung (§ 4 Nr. 1b i. V. m. § 6a UStG)
Bemessungsgrundlage	14.500 €
Höhe der Umsatzsteuer	0 €

AUFGABE

Jens Räder ist Inhaber des Autohauses Jens Räder e.K. in Füssen (D). Herr Räder betreibt sein Unternehmen auf einem gepachteten Betriebsgelände. Die monatliche Pacht beträgt netto 6.000 €. Der Verpächter hat für die Vermietungsumsätze auf die Steuerbefreiung gemäß § 9 UStG verzichtet. Herr Räder versteuert seine Umsätze nach vereinbarten Entgelten. Es liegen alle erforderlichen Buch- und Belegnachweise vor. Die beteiligten Unternehmer verwenden die USt-IdNr. ihres Landes.

Ermitteln Sie die Umsatzsteuerschuld (USt-Zahllast) für den Monat Dezember 2026 unter Berücksichtigung der folgenden Angaben:

1. Neuwagenverkäufe an inländische Abnehmer für netto 245.000 €
2. Einnahmen aus Ersatzteilverkäufen zum Selbsteinbau: 22.134 €
3. Der Kunde Franz GmbH, Füssen, beantragt im Dezember 2026 die Eröffnung des Insolvenzverfahrens. Herr Räder wird am gleichen Tag hierüber in Kenntnis gesetzt. Die offene Forderung aus 2026 in Höhe von 142.800 € wurde bis zu diesem Zeitpunkt als einwandfrei eingestuft. Herr Räder rechnet mit einem Ausfall von 50 %. Im Januar 2027 wird der Insolvenzantrag mangels Masse abgelehnt.
4. Verkauf eines Neu-Kfz an den Rentner Alois Berger, Imst (AT), für netto 21.000 €. Herr Räder hat das Fahrzeug im gleichen Monat vom französischen Hersteller für netto 19.700 € erworben.
5. Verkauf eines neuen Lieferwagens an die Spedition Schnell GmbH, Kempten (DE), für brutto 32.725 €. Die Spedition gibt einen gebrauchten Firmenwagen für netto 8.000 € in Zahlung. Der Rest wird per Überweisung beglichen.
6. Herr Räder kauft von Studienrat Reuter, Kempten, einen Gebrauchtwagen für 16.065 €. Dieser Wagen wird im gleichen Monat vom Bankangestellten Dreher, Sonthofen (DE), zum Preis von 20.825 € gekauft. Dreher zahlt den Betrag sofort per Scheck.
7. Bewirtung eines Geschäftsfreundes in einem Feinschmeckerrestaurant für brutto 595 €. Die Hälfte des Rechnungsbetrages entfällt auf Herrn Räder. 40 % des Rechnungsbetrages ist als unangemessen hoch einzustufen.
8. Herr Räder nutzt einen betrieblichen Pkw auch zu privaten Zwecken. Die Anschaffungskosten des Pkws haben vor einem Jahr 30.000 € betragen. Der aktuelle Restbuchwert zum 31. Dezember beträgt 25.000 €. Der ursprüngliche Nettolistenpreis betrug 32.000 €. Die Wiederbeschaffungskosten dieses Pkws betragen 18.000 €.

Lösung:

Tz.	Umsatzart nach § 1 i. V. m. § 3 UStG	nstb.	Umsätze im Inland in € steuerbar § 1 Abs. 1	steuerfrei § 4	steuerpfl. 19 %
1.	Lieferungen § 3 Abs. 1, Füssen § 3 Abs. 6, stb. § 1 Abs. 1 Nr. 1, 19 % § 12 Abs. 1, BMG § 10 Abs. 1		245.000	—	245.000
2.	Lieferungen § 3 Abs. 1, Füssen § 3 Abs. 6, stb. § 1 Abs. 1 Nr. 1, 19 % § 12 Abs. 1, BMG § 10		18.600	—	18.600
3.	Änderung der BMG § 17 Abs. 1 + 2 Nr. 1 (vgl. auch BFH-Urteil vom 22.10.2009 BStBl. 2011 I Seite 988) (Insolvenzantrag → uneinbringlich)		- 120.000	—	- 120.000
4.	Lieferungen § 3 Abs. 1, Füssen § 3 Abs. 6, stb. § 1 Abs. 1 Nr. 1, strfr. § 4 Nr. 1b i. V. m. § 6a Abs. 1 (insbes. Nr. 2c)		21.000	21.000	—
4.	i. g. E. § 1a Abs. 1, Füssen § 3d, stb. § 1 Abs. 1 Nr. 5, 19 % § 12 Abs. 1, BMG § 10 Abs. 1		19.700	—	19.700
5.	Lieferungen § 3 Abs. 1 + 12, Füssen § 3 Abs. 6, stb. § 1 Abs. 1 Nr. 1, 19 % § 12 Abs. 1, BMG § 10 Abs. 2		27.500	—	27.500
6.	Lieferungen § 3 Abs. 1, Füssen § 3 Abs. 6, stb. § 1 Abs. 1 Nr. 1, 19 % § 12 Abs. 1, BMG § 25a Abs. 3 (Differenzbesteuerung)		4.000	—	4.000
8.	Unentgeltl. Wertabgabe § 3 Abs. 9a Nr. 1, § 3a Abs. 1, stb. § 1 Abs. 1 Nr. 1, BMG § 10 Abs. 4 Nr. 2 (1 %-Regel), nstb. 20 %-Kürzung	76	304	—	304
					195.104,00
	Umsatzsteuer (Traglast)				
	19 % von 195.104 €				37.069,76
-	**abziehbare Vorsteuer**				
	Pacht (§ 15 Abs. 1 Nr. 1)		1.140 €		
	Tz. 4 (§ 15 Abs. 1 Nr. 3)		3.743 €		
	Tz. 5 (§ 15 Abs. 1 Nr. 1)		1.520 €		
	Tz. 7 (§ 15 Abs. 1 Nr. 1 i. V. m. Abs. 1a)		57 €		- 6.460,00
=	**Umsatzsteuerschuld (USt-Zahllast)**				**30.609,76**

AUFGABE

Apotheker U betreibt in seinem zweigeschossigen Gebäude in Münster eine Apotheke. Er hat das Gebäude vom Immobilienmakler A mit notariellem Kaufvertrag vom Dezember 2009 (Übergang von Besitz, Nutzen und Lasten zum 01.01.2010) erworben und in vollem Umfang seinem Unternehmen zugeordnet. Auf die Umsatzsteuerbefreiung nach § 4 Nr. 9a UStG wird im Kaufvertrag verzichtet (§ 9 Abs. 3 Satz 2 UStG). U verzichtet bezüglich seiner Vermietertätigkeit ebenfalls auf die Steuerfreiheit gem. § 4 Nr. 12 UStG (§ 9 Abs. 1 + 2 UStG). Für das Grundstück zahlte U in 2010 einen Kaufpreis in Höhe von 1.080.000 € (netto). Die Grunderwerbsteuer hatte U vereinbarungsgemäß zu tragen.

Das Gebäude wird - wie ursprünglich geplant - seit 01.01.2010 wie folgt genutzt:

- im Erdgeschoss des Gebäudes betreibt U seine Apotheke (200 qm),
- im 1. Obergeschoss des Gebäudes betreibt ein Arzt seine Praxis als Internist (180 qm),
- im 2. Obergeschoss des Gebäudes wird eine Wohnung (100 qm) an ein Rentnerehepaar vermietet,
- im 3. Obergeschoss des Gebäudes wird die zweite Wohnung (100 qm) von U zu eigenen Wohnzwecken genutzt.

Die monatliche Miete in Höhe von 1.250 € (netto) überweist der Arzt jeweils zu Monatsbeginn auf das Bankkonto des U.
Die monatliche Miete in Höhe von 500 € wird pünktlich zu Beginn eines jeden Monats von dem Rentnerehepaar auf das Bankkonto des U überwiesen.

Die laufenden Kosten für das Gebäude betragen in 2026 10.000 € (einschließlich 1.500 € Kosten ohne Vorsteuer). An Schuldzinsen, die im Zusammenhang mit dem Kauf des Gebäudes stehen, hat U in 2026 30.000 € gezahlt.

U möchte den höchst möglichen Vorsteuerabzug in Anspruch nehmen.

U versteuert seine Umsätze nach vereinbarten Entgelten. Die Umsatzsteuervoranmeldungen sind monatlich dem Finanzamt zu übermitteln.

1. Beurteilen Sie die Steuerbarkeit, die Steuerfreiheit und die Steuerpflicht der Grundstückslieferung.
2. Wer schuldet die Umsatzsteuer aus der Grundstückslieferung?
3. Wie hoch ist die Bemessungsgrundlage und die entstandene Umsatzsteuer bei der Grundstückslieferung.
4. Wie hoch ist die abziehbare Vorsteuer beim Kauf des Gebäudes in 2010?
5. Wie hoch ist die Umsatzsteuer für die Nutzung des Gebäudes in 2026?

Lösung:

zu 1.
Der Umsatz (der Verkauf des Grundstücks) vom Immobilienmakler A an den Unternehmer U für dessen Unternehmen ist **steuerbar** (§ 1 Abs. 1 Nr. 1 i. V. m. § 3 Abs. 1 und § 3 Abs. 7 Satz 1 UStG) und grundsätzlich **steuerfrei** (§ 4 Nr. 9a UStG). Da jedoch beide Vertragsparteien wirksam auf die **Steuerbefreiung verzichtet** haben (§ 9 Abs. 3 Satz 2 UStG), ist der Verkauf des Grundstücks zu 19 % **steuerpflichtig** (§ 12 Abs. 1 UStG).

zu 2.
Die Grundstückslieferung fällt unter das Grunderwerbsteuergesetz, sodass nach § 13b Abs. 2 **Nr. 3** i. V. m. § 13b Abs. 5 UStG nicht der liefernde Unternehmer A, sondern der Leistungsempfänger **U Steuerschuldner** ist.

zu 3.
Die **Bemessungsgrundlage** beträgt **1.080.000 €** (§ 10 Abs. 1 Satz 1 UStG). Die Grunderwerbsteuer geht als Kosten des Erwerbs nicht in die Bemessungsgrundlage (das Entgelt) ein. Somit schuldet U als Leistungsempfänger für den Kauf des Gebäudes **Umsatzsteuer** in Höhe von **205.200 €** (19 % von 1.080.000 €).
zu 4.
Die von U in 2010 beim Grundstückskauf gezahlte Umsatzsteuer (205.200 €) kann er in voller Höhe als **Vorsteuer gem.** § 15 **Abs. 1 Nr. 1** UStG abziehen **(„sog. Altfall")**.

Dafür unterliegt der nicht unternehmerische Anteil als unentgeltliche Wertabgabe nach § 3 Abs. 9a Nr. 1 UStG der Umsatzsteuer (Seeling-Modell).

Bezüglich der geplanten Nutzung zu eigenen Wohnzwecken ist seit 01.01.2011 der Vorsteuerabzug ausgeschlossen (§ 15 **Abs. 1b** UStG). Damit entfällt auch die Wertabgabenbesteuerung nach § 3 Abs. 9a Nr. 1 UStG.
§ 3 Abs. 9a Nr. 1 UStG betrifft seit 2011 nur noch die sog. **Altfälle** (liegt hier vor).

zu 5.
Die Umsatzsteuer für die Nutzung des Gebäudes in 2026 wird wie folgt ermittelt:

Geschosse	**umsatzsteuerliche Konsequenzen**
Räume Erdgeschoss	nicht steuerbar (Innenumsatz)
Räume 1. OG (Arztpraxis)	steuerbar, jedoch steuerfrei (§ 4 Nr. 12a UStG), Option nicht möglich (§ 9 Abs. 2 UStG)
vermietete Wohnung 2. OG	steuerbar, jedoch steuerfrei (§ 4 Nr. 12a UStG), Option nicht möglich (§ 9 Abs. 1 UStG)
eigene Wohnung 3. OG	steuerbare und steuerpflichtige unentgeltliche Wertabgabe „Altfall", § 3 Abs. 9a Satz 1 Nr. 1 UStG. Da der Berichtigungszeitraum nach § 15a (zehn Jahre) in 2020 abgelaufen ist, ergeben sich in 2026 keine umsatzsteuerlichen Konsequenzen (mehr).

AUFGABE

Maximilian Weigl betreibt in Nürnberg einen Baustoffhandel. Herr Weigl versteuert seine Umsätze nach vereinbarten Entgelten. Die Umsatzsteuerschuld 2025 betrug 15.000 €. Das Finanzamt Nürnberg hat Herrn Weigl Dauerfristverlängerung gewährt.

1. Herr Weigl kauft für sein Unternehmen am 2. Januar 2026 von einem Kleinunternehmer aus Fürth einen gebrauchten Kleinbus. Der Kleinunternehmer weist in seiner am 3. Februar 2026 ordnungsgemäß ausgestellten Rechnung unter Hinweis auf seine Kleinunternehmerschaft einen Rechnungsbetrag in Höhe von 13.000 € aus. Herr Weigl erhält den Kleinbus am 27. Januar 2026. Die Überweisung des Kaufpreises erfolgt am 6. Februar 2026.
   Am 21. August 2026 baut eine Kfz-Werkstatt aus Nürnberg eine Klimaanlage im Wert von netto 2.800 € in den Kleinbus ein. Die ordnungsgemäße Rechnung wird am 4. September 2026 ausgestellt und einen Tag später per Scheck beglichen.
   Außerdem wird der Kleinbus von einer Autolackiererei aus Fürth am 5. August 2026 komplett neu lackiert. Für die hochwertige Effektlackierung berechnet die Lackiererei am 26. August 2026 netto 6.000 €. Herr Weigl überweist die korrekt ausgestellte Rechnung am 2. September 2026.
   Am 6. Januar 2027 entnimmt Herr Weigl den Kleinbus und schenkt ihn seiner in München lebenden Tochter zur Geburt ihres vierten Kindes. Die „Schwacke-Liste" weist zum Entnahmetag die folgenden Werte aus: Kleinbus netto 12.000 €, Klimaanlage netto 1.500 €, Effektlackierung netto 5.000 €.

   Beurteilen Sie den 1. Sachverhalt für Maximilian Weigl nach folgendem Schema:

1. Sachverhalt	Begründung
Vorsteuerabzug bezüglich der Leistungseingänge in 2026	
Voranmeldezeitraum des Vorsteuerabzugs in 2026	
Steuerbarkeit der Entnahme	
Bemessungsgrundlage	
Auswirkung auf den Vorsteuerabzug in 2027	

2. Herr Weigl vermietet im November 2026 eine Baumaschine an einen österreichischen Bauunternehmer, der die Maschine zu Arbeiten auf seinem Firmengelände in Österreich einsetzte. Die Miete beträgt laut Rechnung 5.000 € + 19 % USt. Der Mieter überweist den Gesamtbetrag pünktlich im November 2026. Herr Weigl beauftragt einen Transportunternehmer aus München mit dem Transport der Baumaschine nach Österreich. Der Transportunternehmer berechnet Herrn Weigl hierfür netto 500 €.
   Der Rücktransport muss laut Mietvertrag vom Mieter organisiert und bezahlt werden. Alle beteiligten Unternehmer verwenden die USt-IdNr. ihres Landes.

3. Beurteilen Sie den 2. Sachverhalt für Maximilian Weigl nach folgendem Schema:

2. Sachverhalt	**Begründung**
Art der Umsätze	
Leistungsorte	
Steuerbarkeit und Steuerpflicht der Leistungen	
USt-Zahllast (Herr Weigl)	

4. Herr Weigl beauftragt am 24. Februar 2026 einen Bauunternehmer aus St. Gallen (CH) mit der Errichtung einer Lagerhalle für sein Auslieferungslager in Lindau (D). Die vereinbarten Herstellungskosten betragen netto 600.000 €. Einen Tag nach Auftragserteilung überweist Herr Weigl aufgrund einer ordnungsgemäß ausgestellten Anzahlungsrechnung 200.000 € auf das Konto des Bauunternehmers. Die Baumaßnahme beginnt am 2. März 2026 und endet mit Bauabnahme am 27. Juli 2026. Die benötigten Baustoffe entnimmt Herr Weigl seinem Unternehmen in Nürnberg und transportiert sie mit eigenem Lkw nach Lindau. Zahlungen sind hierfür keine geflossen. Die vom Bauunternehmer am 7. September 2026 ordnungsgemäß ausgestellte Endrechnung begleicht Herr Weigl am 18. September 2026 per Überweisung.

   Beurteilen Sie den 4. Sachverhalt für Maximilian Weigl nach folgendem Schema:

3. Sachverhalt	**Begründung**
Art des Umsatzes	
Leistungsort	
Steuerbarkeit und Steuerpflicht der Leistungen	
Entstehung der USt	
Steuerschuldnerschaft	
USt-Zahllast für Herrn Weigl aus dem gesamten Vorgang	

Lösung:

1. Sachverhalt	Begründung
Vorsteuerabzug bezüglich der Leistungseingänge in 2026	**Fahrzeugkauf**: Kein Vorsteuerabzug möglich, da von einem Kleinunternehmer (§ 19 UStG) gekauft. **Klimaanlage + Lackierung:** Vorsteuerabzug möglich (§ 15 Abs. 1 Satz 1 Nr. 1 UStG)
Voranmeldezeitraum des Vorsteuerabzugs in 2026	**Klimaanlage**: September 2026 (Rechnung!) **Lackierung**: August 2026 (Leistung + Rechnung) (§ 15 Abs. 1 Satz 1 Nr. 1, § 18 Abs. 2 Satz 2 UStG)
Steuerbarkeit der Entnahme	**Fahrzeug**: Keine steuerbare Wertabgabe i. S. d. § 3 Abs. 1b Nr. 1 UStG, da beim Kauf kein Vorsteuerabzug möglich war. Die reine Fahrzeugentnahme ist nicht steuerbar. **Klimaanlage**: = Bestandteil, der zum Vorsteuerabzug berechtigte und die Bagatellgrenzen von 1.000 Euro und 20 % der AK überschritten hat (Abschn. 3.3 Abs. 4 Satz 1 UStAE). Es handelt sich somit diesbezüglich um eine steuerbare unentgeltliche Gegenstandsentnahme i. S. d. § 3 Abs. 1b Nr. 1 UStG. **Lackierung**: Kein Bestandteil, da es sich hierbei um eine sonstige Leistung handelte (Abschn. 3.3 Abs. 2 Satz. 4 UStAE). Die Entnahme ist nicht steuerbar, bewirkt aber eine Vorsteuerberichtigung (vgl. Abschn. 15a.6 Abs. 7 UStAE).
Bemessungsgrundlage	1.500 € (§ 10 Abs. 4 Satz 1 Nr. 1 UStG) Zeitwert der Klimaanlage (Abschn. 10.6 Abs. 2 Satz 1 + 2 UStAE)
Auswirkung auf den Vorsteuerabzug in 2027	**Lackierung**: Zur Vermeidung eines unversteuerten Letztverbrauchs bewirkt die „Lackierungsentnahme" eine Änderung der Verhältnisse i. S. d. § 15a Abs. 3 Satz 3 UStG und führt damit zu einer Vorsteuerberichtigung gem. § 15a Abs. 1 + Abs. 3 Satz 1 UStG. Berichtigungszeitraum = 5 Jahre (= 60 Monate) Berichtigungsbetrag: 1.140 : 60 x 55 = 1.045,00 € Die Berichtigung muss in der USt-Voranmeldung Januar 2027 erfolgen (§ 44 Abs. 3 Satz 2 UStDV).

2. Sachverhalt	Begründung
Art der Umsätze	**Vermietung**: sonstige Leistung (§ 3 Abs. 9 UStG) **Transport**: sonstige Leistung (§ 3 Abs. 9 UStG)
Leistungsorte	**Vermietung**: Österreich (§ 3a Abs. 2 UStG; Sitzort des Empfängers) **Transport**: Nürnberg (§ 3a Abs. 2 UStG; Sitzort des Empfängers)
Steuerbarkeit und Steuerpflicht der Leistungen	**Vermietung**: nicht steuerbar (kein Inland) **Transport**: Steuerbar (§ 1 Abs. 1 Nr. 1 UStG) und steuerpflichtig, da keine Steuerbefreiung existiert.
USt-Zahllast	Herr Weigl hätte bei dem Vermietungsumsatz keine USt ausweisen dürfen. Er schuldet jetzt dem Finanzamt den zu hoch ausgewiesenen Steuerbetrag (§ 14c Abs. 1 UStG, Abschn. 14c.1 Abs. 1 UStAE). Der Mieter ist nicht berechtigt, diesen Steuerbetrag als Vorsteuer in Abzug zu bringen. USt-Traglast - Vorsteuer = USt-Zahllast 950 € - 95 € = 855 €

3. Sachverhalt	Begründung
Art des Umsatzes	Werkleistung (Abschn. 3.8 Abs. 1 Satz 3 UStAE), Baustoffentnahme = nstb. Innenumsatz
Leistungsort	Lindau (§ 3a Abs. 3 Nr. 1c UStG)
Steuerbarkeit und Steuerpflicht der Leistungen	Steuerbarkeit gem. § 1 Abs. 1 Nr. 1 UStG (Ort: Lindau, § 3a Abs. 3 Nr. 1c UStG), Steuerpflicht, da keine Steuerbefreiung gem. § 4 UStG existiert.
Entstehung der USt	Der im Ausland ansässige Unternehmer erbringt im Inland eine sonstige Leistung, d. h., § 13b UStG ist in diesem Fall einschlägig. Es wurden Rechnungen i. S. d. § 14a Abs. 5 UStG ausgestellt, d. h. ohne Steuerausweis, mit Hinweis auf § 13b UStG. **Anzahlung**: Die USt (38.000 €) entsteht gem. § 13b Abs. 4 UStG mit Ablauf des Voranmeldungszeitraums **Februar 2026** (Mindest-Ist-Besteuerung). **Endrechnung**: Die USt (76.000 €) entsteht gem. § 13b Abs. 2 **Nr. 1** UStG grundsätzlich mit Ausstellung der Rechnung (hier: 7. September 2026). Da jedoch zwischen Leistungszeitpunkt und Rechnungserstellung eine längere Zeitspanne liegt, entsteht die USt bereits mit Ablauf des Voranmeldungszeitraums **August 2026**. Hinweis: § 13b Abs. 2 Nr. 1 hat Vorrang vor § 13b Abs. 2 Nr. 4 UStG.
Steuerschuldnerschaft	Die Steuerschuldnerschaft wird gem. § 13b Abs. 5 Satz 1 UStG auf Herrn Weigl verlagert. Hinweis: Herr Weigl muss selbst kein Bauleister sein, da § 13b Abs. 2 Nr. 4 UStG nicht greift.
USt-Zahllast für Herrn Weigl aus dem gesamten Vorgang	USt-Traglast - Vorsteuer = USt-Zahllast 114.000 € - 114.000 € = 0 €

AUFGABE

Jens Räder ist Inhaber des Autohauses Jens Räder e.K. in Füssen (D). Herr Räder versteuert seine Umsätze nach vereinbarten Entgelten. Herr Räder ist Monatszahler. Es liegen alle erforderlichen Buch- und Belegnachweise vor. Alle beteiligten Unternehmer verwenden die USt-IdNr. ihres Landes.

1. Herr Räder kauft am 2. Januar 2026 von der Steuerfachangestellten Lea Sommer, Füssen, einen 3 Jahre alten Gebrauchtwagen für 7.500 €. Herr Räder verkauft diesen Wagen am 23. Januar 2026 an den selbständigen Handelsvertreter Florian Nocker e.K. aus Füssen für insgesamt 9.900 € (Endpreis inkl. USt). Herr Nocker nutzt den Wagen ausschließlich zu unternehmerischen Zwecken. Vor dem Verkauf hat Herr Räder das Fahrzeug von dem selbständigen Kfz-Aufbereiter Bulut Odaci in Nürnberg für netto 400 € optisch aufbereiten lassen.

   Beurteilen Sie den 1. Sachverhalt für Jens Räder nach folgendem Schema:

1. Sachverhalt	Begründung
Vorsteuerabzug bezüglich der Leistungseingänge in 2026	
Art der Umsätze	
Leistungsorte	
Bemessungsgrundlage (Kfz-Verkauf)	
USt-Zahllast (Januar 2026)	

2. Herr Räder kauft am 3. März 2026 einen Neuwagen von einem Hersteller aus Deutschland für netto 32.000 €. Am 23. März 2026 verkauft Herr Räder diesen Wagen an einen Rentner in Pilsen (Tschechien) für netto 34.000 €.

   Beurteilen Sie den 2. Sachverhalt für Jens Räder nach folgendem Schema:

2. Sachverhalt	Begründung
Vorsteuerabzug (Einkauf)	
Leistungsort (Verkauf)	
Steuerbarkeit und Steuerpflicht (Verkauf)	
USt-Zahllast (März 2026)	

3. Herr Räder vermietet seinen Kfz-Transportanhänger jeweils für einen Tag an einen anderen Autohändler aus Amberg (D) und an einen Privatkunden aus Ansbach (D). Beide Kunden transportieren mit dem Anhänger einen Gebrauchtwagen von sich zu Herrn Räder.

   Bestimmen Sie die Leistungsorte. Nennen Sie dabei die einschlägigen Rechtsgrundlagen.

Lösung:

1. Sachverhalt	Begründung
Vorsteuerabzug bezüglich der Leistungseingänge in 2026	Beim Kfz-Kauf fällt keine USt an (Kauf von Privat), insoweit ist auch kein Vorsteuerabzug möglich. Bei der Kfz-Aufbereitung ist ein Vorsteuerabzug in Höhe von 76 € möglich (§ 15 Abs. 1 Satz 1 Nr. 1 UStG).
Art der Umsätze	Herr Räder: Lieferung (§ 3 Abs. 1 UStG) Herr Odaci: sonstige Leistung (§ 3 Abs. 9 UStG)
Leistungsorte	Herr Räder: Füssen (§ 3 Abs. 6 Satz 1 UStG) Herr Odaci: Füssen (§ 3a Abs. 2 UStG)
Bemessungsgrundlage (Kfz-Verkauf)	Herr Räder liefert den Gebrauchtwagen im Rahmen der Differenzbesteuerung (§ 25a UStG).
	Verkaufspreis 9.900,00 € - Einkaufspreis - 7.500,00 € = Bruttodifferenz 2.400,00 € - USt (19 %) - 383,19 € = **BMG** (25 % Abs. 3 UStG) **2.016,81 €** Hinweis: Die Nebenkosten für die Kfz-Aufbereitung mindern nicht die BMG (Abschn. 25a.1 Abs. 8 Satz 2 UStAE).
USt-Zahllast (Januar 2026)	USt-Traglast - Vorsteuer = USt-Zahllast 383,19 € - 76,00 € = 307,19 €

2. Sachverhalt	Begründung
Vorsteuerabzug (Einkauf)	Vorsteuerabzug gem. § 15 Abs. 1 Satz 1 Nr. 1 i. V. m. Abs. 3 Nr. 1a UStG)
Leistungsort (Verkauf)	Füssen (§ 3 Abs. 6 Satz 1 UStG)
Steuerbarkeit und Steuerpflicht (Verkauf)	steuerbar (§ 1 Abs. 1 Nr. 1 UStG), steuerfreie innergemeinschaftliche Lieferung (§ 4 Nr. 1b i. V. m. § 6a UStG)
USt-Zahllast (März 2026)	USt-Traglast - Vorsteuer = USt-Zahllast 0 € - 6.080 € = - 6.080 €

3. Sachverhalt

Die Vermietung des Kfz-Transportanhängers stellt eine sonstige Leistung (§ 3 Abs. 9 UStG) dar. Es handelt sich um eine kurzfristige Vermietung eines Beförderungsmittels (vgl. Abschn. 3a.5 Abs. 2 Satz 1 + 2 UStAE).

Der Ort der sonstigen Leistung liegt für die Vermietung an den **Unternehmer** in **Amberg** (§ 3a **Abs. 2** UStG) und für die Vermietung an den **Nichtunternehmer** in **Füssen** (§ 3a **Abs. 3 Nr. 2** UStG).

AUFGABE

Anton Hofer betreibt in Bad Reichenhall (D) eine Gaststätte mit angeschlossener Pension sowie einen Partyservice. Herr Hofer versteuert seine Umsätze nach vereinbarten Entgelten. Die USt-Voranmeldungen sind monatlich abzugeben. Für die folgenden Sachverhalte liegen die erforderlichen Buch- und Belegnachweise vor.

1. Herr Hofer vermietet ein Doppelzimmer ohne Frühstück für zwei Tage an das Rentnerehepaar Müller aus München.
2. Herr Hofer vermietet ein Zimmer seiner Pension ohne Frühstück seit zwei Jahren an den ledigen Rentner Hermann Heisel.
3. Herr Hofer serviert in seiner Gaststätte dem Ehepaar Janner aus Salzburg (AT) eine Wildplatte für zwei Personen.
4. Alois Hofer aus Bad Reichenhall holt abends in der Gaststätte eine Schlachtplatte ab und verzehrt sie zu Hause. Die Speise wird in einer wärmegedämmten Verkaufsverpackung mit Plastikgeschirr und Serviette an Herrn Hofer übergeben.
5. Herr Hofer liefert ein „Spanisches 3-Gänge-Partymenü" für 90 Personen anlässlich einer Hochzeit in Bad Reichenhall aus. Die Speisen werden in Warmhaltebehältern mit Besteck und Geschirr angeliefert. Am Tag nach der Hochzeitsfeier holt Herr Hofer die Warmhaltebehälter, das Besteck und das Geschirr sowie die Speiseabfälle ab. Herr Hofer reinigt die benutzten Gegenstände und entsorgt die Abfälle.
6. Nach der Schule essen die beiden Kinder von Herrn Hofer in der Gaststätte zu Mittag, ohne hierfür ein Entgelt zu entrichten.
7. Abends holt Frau Hofer regelmäßig drei warme Standardspeisen in wärmegedämmten Verkaufsverpackungen ab, um sie zu Hause mit den Kindern zu verzehren. Ein Entgelt wird hierfür nicht entrichtet.

Beurteilen Sie die Sachverhalte 1 bis 7 aus umsatzsteuerlicher Sicht unter Verwendung des folgenden Lösungsschemas mit Angabe der gesetzlichen Grundlagen. Alle Leistungen werden, sofern keine anderen Informationen vorliegen, gegen Entgelt erbracht.

Sachverhalte	Begründung
Art der Umsätze	
Leistungsorte	
Steuerbarkeit und Steuerpflicht	
Steuersatz	

Sachverhalte	Begründung
Art der Umsätze	1. sonstige Leistung (§ 3 Abs. 9 UStG) 2. sonstige Leistung (§ 3 Abs. 9 UStG) 3. sonstige Leistung (§ 3 Abs. 9 UStG). Es handelt sich hier um einen Restaurationsumsatz (Verzehr an Ort und Stelle), da das Dienstleistungselement der Speisenabgabe überwiegt. 4. Lieferung (§ 3 Abs. 1 UStG). Das Portionieren und die Abgabe in einer wärmegedämmten Verkaufsverpackung sowie die Zugabe von Plastikbesteck mit Serviette stellen übliche mit der Vermarktung der Speisen anfallende Nebenleistungen dar, die das Schicksal der Hauptleistung teilen. Vgl. auch Abschn. 3.6 UStAE. 5. sonstige Leistung (§ 3 Abs. 9 UStG). Die Bereitstellung der Warmhaltebehälter stellt eine für die Vermarktung der Speisen übliche Dienstleistung dar, die für sich alleine keine Einstufung als sonstige Leistung rechtfertigt. Das zur Verfügungstellen von Geschirr und Besteck sowie die Reinigung dieser Gegenstände und die Entsorgung der Abfälle stellen hingegen Dienstleistungselemente dar, die die reine Vermarktung der Speisen übersteigen. Diese zusätzlichen Dienstleistungselemente führen dazu, dass der Speisenumsatz als sonstige Leistung einzustufen ist. Zudem stellt das „spanische 3-Gänge-Partymenü" für 90 Personen keine Standardspeise dar. Vgl. auch Abschn. 3.6 UStAE. 6. unentgeltliche Wertabgabe i. S. d. § 3 Abs. 9a Nr. 2 UStG (sonstige Leistung, Restaurationsumsatz) 7. unentgeltliche Wertabgabe i. S. d. § 3 Abs. 1b Nr. 1 UStG (Lieferung, kein Restaurationsumsatz)
Leistungsorte	1. Bad Reichenhall (§ 3a Abs. 3 Nr. 1 UStG) 2. Bad Reichenhall (§ 3a Abs. 3 Nr. 1 UStG) 3. Bad Reichenhall (§ 3a Abs. 3Nr. 3b UStG) 4. Bad Reichenhall (§ 3 Abs. 6 Satz 1 UStG) 5. Bad Reichenhall (§ 3a Abs. 3 Nr. 3b UStG) 6. Bad Reichenhall (§ 3 Abs. 6 Satz 1 UStG) 7. Bad Reichenhall (§ 3 Abs. 6 Satz 1 UStG)
Steuerbarkeit und Steuerpflicht	Alle Umsätze sind steuerbar (§ 1 Abs. 1 Nr. 1 UStG). Lediglich der Umsatz aus Sachverhalt 2 (langfristige Vermietung) ist steuerfrei (§ 4 Nr. 12a UStG; zu Sachverhalt 1 vgl. § 4 Nr. 12 Satz 2 UStG). Die übrigen Umsätze (SV 1, 3 – 7) sind steuerpflichtig.
Steuersatz	Sachverhalt 1 unterliegt dem ermäßigten Steuersatz von 7 % (§ 12 Abs. 1 Nr. 11 UStG). Die Sachverhalte 3, 5 und 6 unterliegen seit dem 01.01.2026 dem ermäßigten Steuersatz von 7 % (§ 12 Abs. 12 Nr. 15 UStG). Die Sachverhalte 4 und 7 (Einstufung als Lieferung) unterliegen dem ermäßigten Steuersatz von 7 % (§ 12 Abs. 2 Nr. 1 UStG i. V. m. Anlage 2 (zu § 12 Abs. 2 Nr. 1).

AUFGABE

Maximilian Weigl betreibt in Nürnberg einen Baustoffhandel. Herr Weigl versteuert seine Umsätze nach vereinbarten Entgelten. Die Umsatzsteuer-Zahllast 2025 betrug 15.000 €. Das Finanzamt Nürnberg hat Herrn Weigl Dauerfristverlängerung gewährt.

1. Herr Weigl verkauft seiner Mutter, Herta Weigl, am 23.02.2026 Pflanzsteine für netto 1.000 €. Da Herr Weigl diese Pflanzsteine nicht vorrätig hatte, bestellt er diese am 04.03.2026 beim Hersteller Brandl aus Regensburg. Als Lieferbedingung wird u. a. vereinbart, dass Hersteller Brandl diese Pflanzsteine direkt an Herta Weigl, Fürth, ausliefern soll. Am 06.03.2026 liefert ein Fahrer des Herstellers Brandl die Steine auf dem Grundstück von Frau Weigl in Fürth an. Der Pflanzsteinhersteller berechnet Herrn Weigl am 10.03.2026 für diese Lieferung einen Warenwert von netto 1.500 € und Transportkosten in Höhe von netto 100 €.

   Beurteilen Sie den Sachverhalt 1 aus umsatzsteuerlicher Sicht unter Verwendung des folgenden Lösungsschemas mit Angaben der gesetzlichen Grundlagen:

1. Sachverhalt	Begründung
Art der Umsätze	
Leistungsorte	
Steuerbarkeit und Steuerpflicht	
Bemessungsgrundlage	
Entstehung der Umsatzsteuer für Herrn Weigl	
Abgabe der Umsatzsteuer-Voranmeldung	
Höhe der Umsatzsteuerzahllast für Herrn Weigl	

2. Herr Weigl erwirbt am 06.04.2026 (Tag der Lieferung) einen neuen betrieblichen Pkw. Der Nettolistenpreis beträgt 44.890 €. Der Kfz-Händler aus Nürnberg gewährt Herrn Weigl einen Aktionsrabatt von 15 %. Herr Weigl gibt einen gebrauchten betrieblichen Pkw für netto 8.156,50 € am gleichen Tag in Zahlung. Den zu zahlenden Rechnungsbetrag überweist Herr Weigl am 14.04.2026 unter Abzug von 3 % Skonto.

   Beurteilen Sie den Sachverhalt 2 aus umsatzsteuerlicher Sicht unter Verwendung des folgenden Lösungsschemas mit Angaben der gesetzlichen Grundlagen:

2. Sachverhalt	Begründung
Art der Umsätze	
Bemessungsgrundlagen	
Höhe der Umsatzsteuerzahllast für Herrn Weigl	

Lösung:

1. Sachverhalt	Begründung
Art der Umsätze	Reihengeschäft i.S.d. §3 Abs. 6a UStG **Brandl: Beförderungslieferung** (Lieferung mit Warenbewegung) i.S.d. §3 Abs. 1 + 6a Satz 2 + 6 Satz 1 + 2 UStG **Weigl: ruhende Lieferung** (Lieferung ohne Warenbewegung) i.S.d. §3 Abs. 1 + 7 Satz 2 UStG
Leistungsorte	**Brandl: Regensburg** (§3 Abs. 6 Satz 1 UStG) **Weigl: Fürth** (§3 Abs. 7 Satz 2 Nr. 2 UStG)
Steuerbarkeit und Steuerpflicht	Beide Umsätze sind nach §1 Abs. 1 Nr. 1 UStG **steuerbar** und mangels Steuerbefreiung **steuerpflichtig**.
Bemessungsgrundlage	**Brandl:** 1.600€ (§10 Abs. 1 Sätze 1 + 2 UStG) **Weigl:** Problem der Mindestbemessungsgrundlage (Mutter = nahestehende Person, vgl. §15 AO). Zu prüfen ist, ob die BMG nach §10 Abs. 4 die BMG nach §10 Abs. 1 übersteigt. BMG nach §10 Abs. 4 Satz 1 Nr. 1 UStG:1.600€ BMG nach §10 Abs. 1 Satz 1 + 2 UStG: 1.000€ Ergebnis der Prüfung: BMG nach §10 Abs. 5 Nr. 1 UStG: **1.600€**
Entstehung der Umsatzsteuer für Herrn Weigl	Die USt entsteht mit Ablauf des Monats **März 2026** (§13 Abs. 1 Nr. 1a UStG).
Abgabe der Umsatzsteuer-voranmeldung	Abgabe bis spätestens **11. Mai 2026** (Montag) (§18 Abs. 1 + 2 Satz 2 UStG, §46 UStDV)
Höhe der Umsatzsteuer-zahllast für Herrn Weigl	USt-Traglast - Vorsteuer = USt-Zahllast 304€ - 304€ = **0€**

2. Sachverhalt	Begründung
Art der Umsätze	**Tausch mit Baraufgabe:** (§3 Abs. 12 UStG, Abschn. 10.5 Abs. 1 UStAE) **Kfz-Händler:** Lieferung (§3 Abs. 1 UStG) **Weigl:** Lieferung (§3 Abs. 1 UStG)
Bemessungsgrundlagen	**Kfz-Händler:** Die BMG beträgt vor Skontoabzug zunächst 38.156,50€ (§10 Abs. 1 Sätze 1 + 2 und Abs. 2 Satz 2 UStG). Der Skontoabzug bewirkt jedoch eine Änderung der BMG (§17 Abs. 1 UStG). Die neue BMG beträgt **37.011,81€**. **Weigl: 8.156,50€** (§10 Abs. 1 Satz 1 + 2 und Abs. 2 Satz 2 UStG)
Höhe der Umsatzsteuer-zahllast für Herrn Weigl	USt-Traglast - Vorsteuer = USt-Guthaben 1.549,74€ - 7.032,24€= **- 5.482,50€**

Springer Gabler link.springer.com

BORNHOFEN – unsere Nr. 1 – mit LernApp* und eBook inside

Bornhofen/Bornhofen
Buchführung 2
DATEV- Kontenrahmen 2025
Abschlüsse nach Handels- und Steuerrecht – Betriebswirtschaftliche Auswertung – Vergleich mit IFRS

37., überarb. u. aktualisierte Aufl. 2026
XVII, 415 S., Book + eBook. Brosch.
€ (D) 28,00 | € (A) 28,77 | CHF 31.00
ISBN 978-3-658-50630-8 (Softcover)
ISBN 978-3-658-50631-5 (eBook)

Bornhofen/Bornhofen
Lösungen zum Lehrbuch
Buchführung 2
DATEV- Kontenrahmen 2025
Mit zusätzlichen Prüfungsaufgaben und Lösungen

37., überarb. u. aktualisierte Aufl. 2026
VII, 162 S., Book + eBook. Brosch.
€ (D) 24,99 | € (A) 25,69 | CHF 28.00
ISBN 978-3-658-50632-2 (Softcover)
ISBN 978-3-658-50955-2 (eBook)

Bornhofen/Bornhofen
Steuerlehre 2
Rechtslage 2025
Einkommensteuer, Körperschaftsteuer, Gewerbesteuer, Bewertungsgesetz und Erbschaftsteuer

46., überarb. u. aktualisierte Aufl. 2026
XXIV, 520 S., Book + eBook. Brosch.
€ (D) 28,00 | € (A) 28,77 | CHF 31.00
ISBN 978-3-658-50635-3 (Softcover)
ISBN 978-3-658-50636-0 (eBook)

Bornhofen/Bornhofen
Lösungen zum Lehrbuch
Steuerlehre 2
Rechtslage 2025
Mit zusätzlichen Prüfungsaufgaben und Lösungen

46., überarb. u. aktualisierte Aufl. 2026
IX, 219 S., Book + eBook. Brosch.
€ (D) 24,99 | € (A) 25,69 | CHF 28.00
ISBN 978-3-658-50639-1 (Softcover)
ISBN 978-3-658-50640-7 (eBook)

* **Springer Nature Flashcards App**, Zugangscode im **Lehr**buch.

€ (D): gebundener Ladenpreis in Deutschland, € (A): Preis in Österreich. CHF: unverbindliche Preisempfehlung.
Alle Preise inkl. gesetzl. MwSt. zzgl. evtl. anfallender Versandkosten.

Jetzt bestellen auf link.springer.com

Part of SPRINGER NATURE

Ihr Bonus als Käufer dieses Buches

Als Käufer dieses Buches können Sie kostenlos das eBook zum Buch nutzen. Sie können es dauerhaft in Ihrem persönlichen, digitalen Bücherregal auf **link.springer.com** speichern oder auf Ihren PC/Tablet/eReader downloaden.

Gehen Sie bitte wie folgt vor:

1. Gehen Sie zu **link.springer.com** und suchen Sie das vorliegende Buch (am schnellsten über die Eingabe der eISBN).
2. Legen Sie es in den Warenkorb und klicken Sie dann auf: **zum Einkaufswagen/zur Kasse.**
3. Geben Sie den untenstehenden Coupon ein. In der Bestellübersicht wird damit das eBook mit 0 Euro ausgewiesen, ist also kostenlos für Sie.
4. Gehen Sie weiter **zur Kasse** und schließen den Vorgang ab.
5. Sie können das eBook nun downloaden und auf einem Gerät Ihrer Wahl lesen. Das eBook bleibt dauerhaft in Ihrem digitalen Bücherregal gespeichert.

EBOOK INSIDE

eISBN: 978-3-658-51983-4

Ihr persönlicher Coupon: AwI03AkO8RnOIEG

Sollte der Coupon fehlen oder nicht funktionieren, senden Sie uns bitte eine E-Mail mit dem Betreff: **eBook inside** an **customerservice@springernature.com**.

Printed by Wilco bv, the Netherlands